Gottfried Baist, Gottfried Baist

# Die arab. Hauchlaute und Gutturalen im Spanischen

Gottfried Baist, Gottfried Baist

**Die arab. Hauchlaute und Gutturalen im Spanischen**

ISBN/EAN: 9783743425651

Hergestellt in Europa, USA, Kanada, Australien, Japan

Cover: Foto ©Thomas Meinert / pixelio.de

Manufactured and distributed by brebook publishing software (www.brebook.com)

Gottfried Baist, Gottfried Baist

# Die arab. Hauchlaute und Gutturalen im Spanischen

Die

# arab. Hauchlaute und Gutturalen im Spanischen.

Habilitationsschrift

zur

Erlangung der Venia docendi

vorgelegt

der philosophischen Fakultät

der

**Universität Erlangen**

von

**G. Baist.**

**Erlangen.**

Druck der Universitäts - Buchdruckerei von Junge & Sohn.

1889.

Die

# arab. Hauchlaute und Gutturalen im Spanischen.

---

## Habilitationsschrift

zur

Erlangung der Venia docendi

vorgelegt

der philosophischen Fakultät

der

Universität Erlangen

von

**G. Baist.**

**Erlangen.**

Druck der Universitäts - Buchdruckerei von Junge & Sohn.

1889.

# Einleitung.

Die arabischen Ueberreste in der spanischen und portugiesischen Sprache haben seit dem 16. Jahrh. immer wieder in- und ausländische Gelehrte beschäftigt. Dass die etymologische Untersuchung sich auf die lautgeschichtliche gründen muss erkannte schon 1789 Sousa; er schickt eine solche seinen Vestigios da lingoa arábica em Portugal voraus, die durchaus verständig zu nennen ist. Sehr schwach sind die einschlägigen Bemerkungen Hammer-Purgstalls in den Wiener Sitzungsberichten von 1854, erheblich vertieft die Darstellung Engelmanns in der ersten Ausgabe des Glossaire des mots espagnols et portugais dérivés de l'Arabe (1861). Der Abschnitt über die arabischen Buchstaben, welchen Diez der dritten Auflage der romanischen Grammatik (1870) einfügte, ist absichtlich kurz gehalten. Massgebend blieb bis heute Dozys Erweiterung der Engelmannschen Untersuchung in seiner Neuausgabe des Glossaire (1869). Seybold in Gröbers Grundriss giebt einen Auszug, Eguilaz[1]) einige unrichtige Zutaten.

Den Romanisten kann jene vor 20 Jahren verfasste Darstellung nicht mehr befriedigen. Es bleibt ihm die Aufgabe festzustellen, welche der zugelassenen Formen des Lautwandels sprachgemäss sind, um zugleich in der genaueren Bestimmung Mittel zur Erkenntnis des Sprachzustandes einer Zeit zu finden, aus welcher nur die dürftigste schriftliche Ueberlieferung vorliegt. Die lexikographische Vorarbeit mehrerer Jahrhunderte, die in Dozy gipfelt, einen bemerkenswerten Zuwachs neuerdings durch Eguilaz erfahren hat, gewährt eine zureichende Grund-

1) Glossario etimológico de las palabras españolas (castellanas, catalanas, gallegas, mallorquinas, portuguesas, valencianas y bascongadas) de origen oriental. Granada 1886.

lage. Die lautgeschichtliche Nachprüfung der Etymologien jener beiden Wörterbücher und der anderwärts vereinzelt gegebenen, vom Standpunkt des Romanisten aus, ist im Folgenden zunächst für zwei wichtige Buchstabengruppen unternommen; der Rest soll in Bälde folgen. Der Verfasser bedurfte derselben für seine eigenen Studien, und konnte nicht hoffen dass ein Fachgenosse, der zugleich im Orient zu Hause wäre, die Lücke ausfüllen werde. Das Spanische ist dabei vorangestellt weil es das ausgedehntere und ältere Material bietet; Worte ohne Heimatsvermerk gehören dieser Sprache an. Das Catalanische wurde nur beiläufig berücksichtigt.

Das englische Citat giebt die arab. Aussprache der Schule nach Wright (2. Aufl.). Von den Vulgärgrammatiken vertritt Dombay Marokko; Bellemare, Bresnier, auch Causin de Perceval Algier; Spitta Aegypten; Wahrmund vornehmlich Syrien. „Wallin“ meint dessen Abhandlung über die Laute des Arabischen und ihre Bezeichnung in Bd. 9 u. 12 der Zts. d. d. morgenl. Gesellschaft. Suppl. od. Spl. bezieht sich auf Dozys eingehend benütztes Supplément aux glossaires arabes. P. de Alcalá ist nach Lagardes Ausgabe citirt. Die übrigen Abkürzungen sind die dem Fachmann geläufigen.

## I. Die Hauchlaute und F.

Die gutturalen Hauchlaute erfahren eine durchaus verschiedenartige Behandlung. Elif fällt, ebenso Ain, mit Ausnahme weniger Fälle in welchen magrebitisches (?) g eintritt. ẖa und ḥa nähern sich fa; das erstere wird mehrfach mit c oder g wiedergegeben, seltener ḥ, kaum h.

ا

"Elif, meist Verlängerungszeichen, als Consonant „the spiritus lenis of the Greeks“, wird, wie zu erwarten, überhaupt nicht beachtet. Eguilaz führt in gegenteiligem Sinn S. XVI *harre* und *farre* an. *Farre* steht nur einmal in einer Hs. des Juan Ruiz, die beiden anderen bieten *h*; *harre* erscheint als eine willkürliche Verstärkung des Zurufs, die arabisch, — *ḥarr* bei Freytag — ebenso belegt ist wie im Spanischen. Elif mit Hemza und Damma hätte nach demselben das *bi-* in *bismuto* ergeben, ein ganz undenkbarer Vorgang: vgl. unter *ṭa*. Die *Habu-* etc. (Eguilaz, Estudio 18) waren von der castilischen Aussprache nicht angenommen: die durchaus übliche Schreibung auch der ältesten Zeit ist *Abu*.

ع

ʻAin „a strong (but to Europeans, as well as Turks and Persians, unpronounceable) guttural, related in its nature to *ḥa*, with which it is somtimes confounded. It is described as produced by a smart compression of the windpipe and forcible emission of the breath“; „sirve por a consonante tan blanda y tan sotil mente que se torna en letra consonante o semivocal, cuya pronunciacion es un poco mas adentro enla garganta de donde suena la a vocal. Ayuntase contodas las letras vocales, y ayuntada con cual quiera dellas, sotilizalas de tal manera que las hace servir por letras consonantes“ P. d. Alcalá, Vocab. §. 72, cfr. S. 4 der Arte; das tönende *ḥ* nach Wahrmund, ist in der grossen Mehrzahl der Fälle span., portug. und catal. stumm. So anlautend *irake* (mehrfach im 10. und 11. Jh.), **alarbe*, **alarde*, **alidada*, **arac*, **elche* u. a.; auch bei gelehrter Wiedergabe: *en arávigo açat açaya* = ʻ*aṣâ aṣṣayâh* Lib. Astr.

Folgendes *a* kann dann durch Verwechslung mit dem Artikel fallen: *tabí ʿazzâbî* (mlat. auch *attabi*); in pg. *boal* = ʿ*abua* (nach Dozy; fehlt bei Eguil. und ist sehr fragwürdig) mit der einigemal auftretenden ursachlosen Apocope von tonlosem *a*; in **aljamía alʿaǵamîya* zur Tilgung des Dreiklangs, wenn nicht durch Umdeutung auf den Artikel. **Laud* = *alʿud* mit Eguilaz als Metathese zu fassen verbietet das pg. *alaud*, das vorgesetzte *a* muss vulgärarab. sein. Bei P. de Alcalá's Transscription zeigt sich seine Auffassung des Ain als Halbvocal in der Regel als Wiederholung des vorausgehenden bzw. des folgenden Vocals: *çáʿara* = *saʿra*, *mucáʿair* = *musaʿir*, *moʿoér* = *moʿêr*, *aʿancabut* = ʿ*ankabût*, ʿ*vubúca* = ʿ*ubûḳa*, ʿ*iiguar* = ʿ*iwâr*. Daneben steht aber auch *bal* ʿ*ayguár* = *bâliwâr*, ʿ*ayláqua* = ʿ*ilḳa*, ʿ*eídal*, *aʿidál* u. *iʿídal* = ʿ*idl*. Es deutet das, wie seine Beschreibung des Lauts, auf eine dem *a* zunächst stehende Articulation, die hier spanisch vor Damma zum Ausdruck kommt, wie vor kesra in *alahilca*, *alailca al-ʿilḳa*, falls die Etymologie richtig ist (cfr. zum Gloss. auch Suppl. II, 162; dem von Eg. bevorzugten *alʿilâḳu* widerspricht der Tonvocal); und in urkundlichem *marahez*, *marraiz* etc. = *marʿizz*. Valencianisch *aarif* = ʿ*arîf*, *auça* = ʿ*aṣâ* zeigen die in diesem Dialect mehrfach auftretende Spaltung des tonlosen *a*. Inlautend u. a. *altamía aṭṭaʿâmîya*, **anoria annâʿôra*, **almadía al-maʿdiya*, *xabí šaʿbî*, *machumacete maʿǵunassitte*, **almazara almaʿṣara*, **mozarabe mostaʿrib*, **talega taʿliḳa* (Suppl. II, 162), *tarifa taʿrif*.

Das vereinzelt auftretende *h* in *alahilca* und *marahez*, in *alhidada* Libr. Astr. f. *alidada*, *alhancabut* ib. *alʿankabût*, *alhanzara* (Conqu. de Ultram. 292; ib. 101 *alantara* l. *alanzara*) und *alhanzaro* (Cron. gen.) = *alʿanṣara*, einmal belegtem *xaharí* = *šaʿrî* (Suppl. I, 156), *mahona máʿôn*, *mohamar* u. *moamar moʿammar*, pg. urkundlichem *taha* f. *taa*, *ta* *ṭaʿâ* characterisirt sich als gelehrte Schreibung oder Hiatuszeichen. Eine sehr auffällige Ausnahme bildet das nur frühmittelalterlich im kirchlichen Gebrauch überlieferte *alfagara alfagiara alfajara alhagara alagara*, nach Dozy = *alʿaǵâra*. Schon dass an vier Stellen von etwa sechsen die Schreibung *g* für *j* auftritt ist wunderlich; 2mal *h* neben 3mal *f* würde entschieden auf *ḥa* deuten, vollständiger Abfall, wenn auch nur an einer Stelle, spricht in so früher Zeit wieder mehr für *Ain*. Die Bedeutung des arabischen Wortes passt vortrefflich; aber die vorliegenden Widersprüche erklären sich kaum genügend aus der Incorrectheit der Urkunden. *Algemifao*, nach den Wörterbüchern altsp. u. pg., nach der Endung pg., betrachtet Dozy als *alǵemîʿ* mit burleskem Anhang, während Eguilaz in dem *f* das Ajin erkennt. Es ist mehr als kühn aus Alles, Jeder, in dieser Weise einen

Krämer zu machen, als einen Allerleimenschen. Pg. *alferena* von *ʿalâm* bei Eg. geht nicht, da *m* geblieben wäre, ebensowenig *alfaba, alhaba* von *bâʿa* mit gewaltsamer Metathese. *Alferena* kenne ich übrigens nur an der von Ducange aufgeführten Stelle bei Yepes; die pg. Wörterbücher haben es aus Sta. Rosa, der uns keinen Beleg giebt. Die angeführte Bemerkung Wrights über Verwechslung von *ḥ* und *Ain* wird von Spitta S. 24 dahin präcisirt, dass meist *ḥ* das ʿ ersetze, fast regelmässig bei folgendem Cons. der nicht Liquida ist: eine Position die hier nicht in Betracht kommt, da in derselben span. auch *ḥ* fällt. Uebergang zwischen Vocalen findet in der span. Ueberlieferung keinen weiteren Beleg. Von Dozy wird Gloss. S. 13 (cfr. Edrisi XXII) magrebitischer Eintritt von Gain für Ain in 6 Fällen angenommen; 3 weitere bei Eguilaz:

*Alnagora* f. *naora, anoria* = *annâʿôra* i. e. Urk. von 1118.

*Acimboga* (murcianisch und bei Enrique de Villena) f. *acimboa,* **zamboa* = *zambôʿa*. In beiden Nebenformen kann hiatustilgende Epenthese vorliegen; vgl. auch bei P de Alcalá añoria naoʿora naguáir.

*Almártaga = *al-mirtaʿa*. Das Etymon ist lediglich durch Construction aus *rataʿa, rataʿ* gewonnen, und letzteres bedeutet eben doch nur Fussfessel, nicht Halfter.

*Algaçafan* im Canç. de Baena, *pilloros de a.* aus einer bitteren oder giftigen Substanz; *ʿaṣfa* aus *ʿafṣ* Gallapfel passt begrifflich recht gut, aber auch erweitertes *ʿaṣafa* (?) musste den Ton auf der ersten Silbe wahren und die Epithese von *n*, auch dem Reim zu lieb, deutet auf ein Oxytonon. Die Conjectur ist also sehr unsicher. An einer anderen Stelle des Canç. liegt der Kranke „*con dolor de algafatan*". Dozy bessert *algafacan* Herzklopfen, und es ist sehr wohl möglich, dass sich gegen diese Krankheit gegebene Pillen durch unangenehmen Geschmack auszeichneten.

**Algarabia* sp. pg. *al-ʿarabîya* lässt sich nicht bestreiten, Einmischung von *garbî* östlich (daher *algaravio* algarvisch), ist wenig wahrscheinlich.

*Algarrada, algarada*, auch *algadara* Wurfmaschine *al-ʿarrâda*. Ist sicher, Ableitung von *algara* unthunlich.

Pg. alt *almeitiga* dienstliches Frühstück (Art Tribut) bei Sta. Rosa, nach Eg. *al-mitaʿa*. Dürfte gut sein.

Andal. *gaché* ist nicht *ʿašeḳ*, entspricht dem weiter verbreiteten *gachon* und gehört wohl mit diesem zu *gacho*.

*Garda* in der Gaunersprache = *viga* ist sicher nicht *ʿâriḍa*, sondern von *gardar* übertragen. Es ist überhaupt nicht angezeigt in diesem Jargon eigentümliche Arabismen zu suchen.

Die Erscheinung liegt also jedenfalls in zwei Fällen vor, und erstreckt sich auf das ganze Gebiet, in Worten die dem 13. Jh. geläufig sind. Auf Grund des angeführten Materials sie einer bestimmten Zeit zuzuschreiben wäre gewagt. Dass bei früher wie bei später aufgenommenen Worten der Abfall die Regel bildet ist nicht zu verkennen. Mit dem von Spitta S. 24 besprochenen Eintritt von *ḥ* für ʿ ist sie nicht identisch, da sonst *f* stark vertreten sein müsste. Wohl aber nähert sich Dozys Aufstellung die Angabe, dass Ain von den Aegyptern tiefer und stärker ausgesprochen wird als von den Beduinen. An irrtümliche Transscription ist nicht zu denken.

*Jácara*, das Eguilaz in der Bed der Liedart von *šaʿar*, in der abgeleiteten einer possenhaften Unwahrheit von *šuḳar* kommen lassen will, ist, wie er aus dem Port. hätte sehen können, ein ursprünglich brasilisches Wort, ein Indianerlager und identisch mit cast. *chácara*, *chacra*. Derselbe führt S. XVII *místico* als Beleg für auslaut. ain zu c an, hat aber hier wie in dem einschlägigen Artikel *moseṭṭeḥ* bei Dozy verlesen.

Das Ergebnis der Untersuchung des Wortschatzes wird durch die arabischen Eigennamen des christlichen Nordlands bestätigt und ergänzt. Es steht hier mit Nichtachtung des Fremdlauts *Ababdella* = *Abûʿ Abdallâ* (Astorga 878), *Ibenabdila* = *Ibnʿ Abdallâ* (Ast. 925), *Abderahana* = *ʿAbdarraḥmân* (Ast. 878, 937), *Ali* = *ʿAlî* (Oviedo 967), *Ibenaumar* = *Ibnʿ Omar* (Astorga 925, 937 bis), *Aboamar* = *Abuʿ Amr* (Astorga 937). Dem letztgenannten Namen entspricht *Ibengamar Ibnʿ Amr* (zweimal, Astorga 925), dem erstangeführten *Habdela* ib. 937, *h* die unbestimmte, *g* die sehr bestimmte Bezeichnung eines Lautwerts.

## خ

*ḫa* „has the sound of ch in the German Rache". Ebenso Bellemare. „sed paulo fortius, ex gutture efferri debet" Dombay, während Spitta vor zu grosser Verstärkung des schnarrenden Geräuschs warnt; tiene el sonido dela h, avn que mas áspero y rezio, sonando fuerte cabo el gallillo, assi como si pusiéssemos vna g ante la ha, diríamos gha" P. d. Alcalá S. 72; „suena rezia y apretadamente, ante del gallillo de la parte de arriba" ib. S. 4. In der maurischen Periode entsprach dem weder span. *x* noch *j*. Dagegen hat, wie aus der Entwicklung des lat. und germ. Lautes hervorgeht, span. *f* im grösseren Teil des Mittelalters ganz oder fast ebenso geklungen, und ihm schliesst sich *ḫ* in der Mehrzahl der Fälle vollständig an, erscheint castilisch heute als *f*, graphisches *h*, oder ist ganz verschwunden, andalusisch als *j*. Aber auch das ursprüngliche *f* bot geeigneten Ersatz, wo ein besserer fehlte, und tritt im Portug. fast durchgehend ein. Naheliegend waren ausserdem k und g, die gleichfalls auftreten, wie P. de Alcalá mit ḳ transscribirt, gha spricht, ersteres bei directer Entleihung regelmässig im Französischen und Italienischen; man vgl. die Behandlung des deutschen h im Ital. und Russischen. Wenn das moderne Fremdwort direkt, nicht, wie gewöhnlich, durch Vermittlung des Französ. übernommen wird, ist die naturgemässe Wiedergabe die durch j: *jedive hedîwî*.

In Spanien konnten c und g nur zugelassen werden so lange f noch nicht oder nicht mehr gleichlautete. Es muss der Versuch gemacht werden hier eine genauere Zeitbestimmung zu gewinnen.

Germanisches h ist in mehreren Eigennamen gefallen; in *yelmo* hilms, 1061 im Testament Ramiros von Aragon *gelmo*, nach Form und Alter kaum französisch oder provenzalisch, scheint es unter dem Ton durch y ausgedrückt, während altsp. farpa (de don Tristan), fardido, fonta Gallicismen sind. Die Verschiebung des lateinischen f hatte demnach im 5. und 6. Jh noch nicht stattgefunden. Dass sie auch im 8. noch nicht eingetreten war erhellt eben aus den alten Lehnworten mit *c* und *g* für *ḥ*; wahrscheinlich auch noch nicht im 9. und 10. und selbst zu Anfang des 11., da hier, wie unten[1] des Näheren ausgeführt wird, arab. *ḥ* in den leonesischen Urkunden vorwiegend als *h* auftritt, erst später als *f*. Das Namenmaterial, welches den Rückschluss ermöglicht, geht um diese Zeit zu Ende; von Bedeutung ist es, dass *h* als Lautzeichen keinen weiteren Boden gewann und durch *f* verdrängt wurde. Die heutige andalusische Aussprache des geschwundenen oder conservirten castilischen f als j der Schriftsprache ist jedenfalls einmal die allgemeine gewesen. Castilier und Andalusier könnten gleichzeitig den Laut umgestaltet haben, wahrscheinlich aber haben ihn die letzteren so bewahrt wie sie ihn bei der Besiedelung um 1236 mitbrachten. Denn dem langsamen Gang castilischer Sprachentwicklung gegenüber ist es angezeigt den Beginn der Umwandlung so weit zurück als möglich zu zu denken, etwa im 11. Jh. Zu Ende des 14 Jh. deutet sich eine fortschreitende Schwächung der Articulation in langsam vorrückendem Ersatz von f durch h an, so der älteste mir bekannte Fall humalga f. fumadga a. 1335 im Indice de Sahagun; um 1500 hat h etwa die Hälfte des Bodens gewonnen. In der Mitte des 16. Jh. wird die Aspiration noch theoretisch gefordert und hindert die Dichter an der Synaloephe; um 1580 ist Synkrisis allgemein. — Einige untergeordnete Erscheinungen kommen bei den folgenden Buchstaben zur Sprache.

1) mit Darlegung einiger Schwächen der hier gegebenen Argumentation.

Ubertritt als c ist in alten Worten in etwa 7 gesicherten Fällen überliefert.

Sp. alt *alcana*, Bazar, *alḥân*. Das Alter des von späteren europäischen Reisenden uud Uebersetzern oft genannten Wortes ist durch seine Verwendung als Name des 1389 zerstörten Judenmarkts in Toledo gesichert.

Sp. pg. **alcarchofa* pg. *alcachofra alharšûf*. Die romanischen Formen sprechen für die zugleich viel besser belegte Schreibung mit *h*, nicht *ḥ*.

Sp. **albudeca* n. *albudega*, *badeha*, *badea*, pg. *pateca*; *al-baṭîha* scheint den drei letzten, das allerdings nicht zu belegende Diminutiv *buṭeiḥa* den beiden ersten Formen zu Grund zu liegen. *Badea* setzt *badefa* voraus.

**Máscara mashara* ist italienischer Abkunft; s. bei Mahn, Etymol. Unters. 60. und unten bei Sin.

**Socarron*, *zocarron* pg. *socarrão* = *soḥara*. Die alte Form *alçocarra* ist in den Wörterbüchern irrig *alcocarra* gelesen. Zur Seite steht hier wie bei *albudeca* die Form mit f, *zafarron*, *zaharron*.

**Espinaca* span., *espinafre* pg. pers. *aspanâh* bzw. arab. *isfinâḥ*; cfr. unter *ǵ*.

**Califa*, *alcalifa*, in der Conqu. de Ultramar *alquifa*, mlat. *algalifus*, *galdifa* im Poema Alf. XI, auch *halifa* = *ḫalîfa*.

**Roque* sp. pg. = *roḫ*, im Fuero Juzgo Wagen, später die Schachfigur; cfr. Dozy Suppl. I, 518.

**Almanaque* sp. pg. etc. *al-manâḫ*; s. Dozy Suppl. II, 734[b]. Das Wort ist im Arabischen Spaniens zuerst im 13. Jh. nachgewiesen; italienisch (s. b. Mahn, Etymol. Unters. s. v.) im 14., in einem Zusammenhang der auf spanische Provenienz deutet. Aufgestellt wurde die Etymologie zuerst von Botros al Bistani, nicht, wie Eguilaz angiebt, von Simonet. Das lat. *manacus* oder *manachus* Vitruv IX, 8, 6, welches der letztere (nach Scaliger) als Quelle des arab. Worts betrachtet, las man früher für überliefertes *manaeus* statt des richtigen *menaeus*. Es ist nicht unmöglich, dass altsp. *almanaca*, nach der Acad. eine Art Armband, gleichen Ursprung hat; der grundliegende Begriff wäre dann der des Kreises.

*Camocan*, *camacan* = *kamḫâ* (cfr. Suppl. II, 488 u. bei Devic). Dozy corrigirt mit Recht Cortes I, 623 (1348) *cannucanes* in *camucanes*.

*Alcailus* mlat. nach Eg. i. e. Urkunde s. XII *alhail*.

Pg. *alcouce*, *alcovez* Südwind, *alcauço alcouso* Süden bei Sta. Rosa, *alḫauṣê* bei Kazimirski. Doch steht das Etymon ohne jede weitere

Correspondenz im Arabischen, ist daher von Eguilaz mit Recht nur zweifelnd gegeben.

*Alcouce, alcoice* pg. Bordell *alḫoṣṣ* Hütte, Schenke. Jedenfalls besser als von *alcoceifa.*

*Almocatí,* Mark, von gleichbed. *almoḫḫa,* plur. *almoḫḫât.* Das Wort gehört der älteren Anatomie an, bedeutet vulgärarabisch (s. Suppl. II, 569) Zitze, ist also allem Anschein nach nur gelehrt. Es dürfte dann etwa im 15. Jh. aufgenommen sein, in welchem sich sp. *f* mit *ḫ* nicht mehr deckte. Vgl. Hyrtl S. 53.

*Kazini* in einigen Urkunden des 9—11. Jh. betrachtet Dozy als *ḫârṣînî* Zink oder Zink mit Zinn gemischt, vgl. übrigens *ceni* im Gl. Mit Hülfe der Form *carzeni* im Testament Ramiros von Aragon stellt er fest, dass für *kazmi* einer asturischen Urkunde von 1078 *kazini* (3 mal zu lesen ist, während für Portugal *m* in *soldos kazimos* (893) und *soldos de argento kazimi* gesichert ist. Richtig ist auch, dass eine Silberlegirung gemeint ist, die zur Ausmünzung, auch zur Herstellung von Gefässen diente: es wäre möglich, dass man dazu Zink verwendet und danach den Namen gegeben hätte. Der Etymologie stehen indessen gewichtige phonetische Bedenken entgegen. Der zweite Teil des Wortes, *ṣînî* chinesisch, ist nur Adjektiv, span. *n* neben pg. *m* ist aber Auslautserscheinung, deutet mit Bestimmtheit auf ein Substantiv auf *-n* oder *-m* von welchem das Adjektiv gebildet wurde. *R* vor *z* hält sich spanisch und portugiesisch, lateinisch wie arabisch; es giebt keinen Beleg für die hier vorausgesetzte Assimilation. An Schreibfehler ist nicht zu denken. Die Vermutung, welche durch die Numismatik nicht weiter gestützt wird, ist also abzulehnen. Naheliegend wäre es in sp. *kazen* pg. *kazim* den bekannten Eigennamen zu suchen, so dass der *solidus kazini* nach einem seiner fürstlichen Träger benannt wäre, daher *argentum kazini* Silber von einer gewissen Währung. Das Datum 893 schliesst indessen diese Annahme aus[1]). Die Namen der Münzmeister, welche sich neben denen der Herrscher ziemlich früh

---

1) Im *Indice de los documentos del monasterio de Sahagun* ist zu *argenteno caçmi* (a. 1105) bemerkt: „*Llamabanse doblas cacemies a las acuñadas primeramente por Caçmin, prefecto de la Ceca ó casa de moneda árabe, é hijo de Abderraman III de Córdoba*" neben einer ganz verkehrten Herleitung aus dem Hebräischen. Das ist ein halbes Jh. zu spät, wenn man nicht versuchen will die Datierung der von Sta. Rosa citirten Urkunde *Livro dos Testam. de Lorvão Nr. 21* zu verdächtigen.

auf den Umschriften finden, kommen kaum in Betracht, als zu unbedeutend.

*Xeque* sp. pg., *geque*, *jaque* sp. *šeiḫ*, kann alt sein, obwohl ich mich eines frühen Vorkommens nicht erinnere.

*Alchaz*, einmal bei Yepes, hält Dozy (so übrigens schon Henschel) für *alḥazz*, Eguilaz für *alḳazz*, die beide passen. Es ist indessen sehr wohl möglich, dass *albaz* (= *al-baz*, Eguilaz) zu lesen ist, das sich nicht nur in der von Dozy citirten Leonesischen Urkunde, sondern auch in Portugal (Sta. Rosa) mit Imala und Adjectivendung als *alvecí*, *alveicí* findet.

*Alquival*, *alquivar* das die Akademie aus einem arag. Document belegt „*de aljuba, alquival, cortina paguen quatro dineros*", erklärt Dozy als *al-ḥibâ* Zelt, Betthimmel. In dem gegebenen Zusammenhang ist es vielleicht für *alquinal* verlesen.

*Arrequife*, nach Dozy von *ḥf*, ist nicht die Spitze eines schneidenden Instruments; s. über die Herkunft unter b.

**Cazumbre*, davon *cazumbrar*, nur spanisch, nach Eg. *ḥazama*, Strick aus Spartogras. Die Bedeutung passt ziemlich gut, die Form schlecht; *-umbre* könnte wohl für *-ume*, sowie *-ame*, *-ambre* für *-ama* durch collective Auffassung eintreten; warum aber *-umbre* für das stärkere *ambre*?

*Nuca*, mlat. *nucha*, ist nach der besonders von Hyrtl und Devic vertretenen, von Dozy Spl. II 649 recipirten Ansicht, arab. *nuḫâʿ*. Es ward durch allerdings ungewöhnlich starken Druck der Medicin in die romanischen Sprachen eingeführt, so dass heute seinem Auftreten jeder gelehrte Anstrich fehlt. Nichts spricht für das von Eguilaz vermerkte *muḫḫ*, auch abgesehen vom Anlaut. Die von demselben zu Gunsten von *nucleus* angeführte vulgäre Nebenform *desnuclar* ist eine Erweiterung, wie *almizcle* n. *almizque*, *lacre* f. *laque*, die Vereinfachung span. ital. franz. unzulässig. Die Uebergangsstelle lag in Italien.

Span. *coto*, Geldstrafe bei Eg. ist nicht *ḥaṭiya* sondern *quotum*, pg. *cotó* nicht *ḥiṭṭî* sondern franz. *couteau*.

*Cáramo* der Gaunersprache Wein, = *ḫamr*. Ich habe schon oben gesagt, dass ich es nicht für richtig halte in dem Jargon spezifische Arabismen zu suchen; er setzt sich aus willkürlich umgedeuteten oder verunstalteten Worten des gewöhnlichen Lebens zusammen, neben direkt erfundenen, beruht nicht auf alter Tradition[1]). Vielleicht *cálamo*; *ḫamr* wäre etwa *cambra*. Uebrigens fehlt bei Hidalgo der Accent.

1) Hidalgo's Vocabulario de Germania, bei Mayans y Siscar, das den Wörter-

In jüngerer Zeit wird *k* für *ḥ* populär wieder möglich, nachdem *f* zu *h* geschwächt ist und so lange *x* und *j* auf der Zwischenstufe zwischen *š*, *ž*, und ihrem heutigen Lautwert standen, etwa vom Ende des 14. bis ins 17. Jh. Es gehört hierher das von Cervantes als maurisches Wort gegebene *carcaxes ḥalḥâl* (das *x* wohl durch *carcaj* veranlasster Druckfehler) vielleicht auch die oben angeführten *almocati* und *xeque*. Späterhin haben directe Anleihen kaum mehr stattgefunden, die gelehrte Wiedergabe ist die franz., ital., auch deutsche durch *c*: **moca moḥâ*, **caftan*, *ḥafṭân* oder, da schon 1573 bei Marmol *cafetan*, = *ḳaftân*. Jung scheint mir auch portug. *catana ḥatan*: die ältere Sprache hat dafür *alfange*. *Ruc*, der Märchenvogel *roḥ*, tritt in der spanisch-arabischen Ueberlieferung nicht auf; die Form ist die von Marco Polo gegebene.

*G* für *ḥ* fällt unter dieselben Gesichtspunkte als *c*; vergl. unter *k* und *ḳ*.

**Galanga* sp. port., altsp. *garengal ḥalanjan Galgant*, ist möglicher Weise schon durch die Griechen vermittelt.

*Algafacan* im Canç. de Baena, wie mit Dozy für *algafatan* zu lesen ist, *al-ḥafaḳân*, dürfte der jüngeren Periode angehören.

*Albudega*, *galdifa* n. *albudeca*, *califa* s. o.

**Algarroba*, catal. *garrofa* (im 13. Jh. belegt), pg. *alfarroba*, italien. *carubia*, frz. *caroube alḥarrôba*.

*Taragontía*, **dragontéa*, **estragon*, *taragona* sp., *estragão* pg. = *ṭarḥûn* v. *δράκων*. S. ü. die Mischformen bei Devic.

*Gasa*, franz. *gaze*, nach Eg. *ḥâṣṣa* Musselin bei Bocthor oder *ḥazza* sericum im Florent. Vocab., glaube ich dem Franz. entnommen.

In **almacen*, pg. *armacem almaḥzen* ist nach den Nebenformen *almagacen*, *magacen* entspr. ital. *magazzino*, frz. *magazin*, wohl *g*, nicht *f*, vor *z* gefallen.

*Ganinfa ḥanîfa*, mit Resonanz des *n*, das Vieyra als maurischen Mantel kennt, scheint einem Reisenden entnommen, da die alte pg. wie sp. Form *falifa* ist.

*Gafete* von *gafa* ist bei Dozy versehentlich auf *ḥaṭîf* zurückgeführt.

*Algagias*, nur bei Victor als *équipement d'un soldat à cheval*, *vestito da soldati a cavallo*, mit unsicherer Betonung, betrachtet Engelmann als *algâšiya* Satteldecke, Dozy als *alḥawâij*, Plur.

bücher als Quelle dient, bietet nur wenige erkennbare arabische Worte, wie *aduana* Bordell und Haus des Hehlers, ebenso *atarazana*, während das Zollhaus in *tarafana* umgestaltet wird. *Alcandora* Hemd wird zur Kleiderstange des Schneiders, *alcatifa* Decke zu *alcatife* Seide. Eine Ausnahme würde nur *almifor* bilden, wenn es in der Tat *almifarr* ist.

von *alḥâġa* sp. *alhaja*, welches indessen sein *w* nicht spurlos verloren haben würde, Eguilaz S. 174 als *alḥâṣî* vestimentum, in der irrigen Voraussetzung dass *ṣ* zu *j* werden könne, S. 545 als *alḥaśia vestis*, welches aber nur in der ältesten Sprache belegt ist. Das span. Wort ist ungenügend definirt, die Pluralform zeigt dass jedenfalls die franz. Erklärung die genauere ist. Lautlich entsprechend finde ich nur arab. *garġîya*, das aber begrifflich zu fern steht.

Im 15. Jh. sind f und h gleichwertig gebraucht; die eine oder andere Schreibung bildet in dieser Zeit kein Kennzeichen des Alters, kann auch weiterhin nicht als solches dienen. F war in anlautendem *fr* vollständig intact geblieben (inlautend *ábrego africum*), im Anschluss daran teilweise *fl*: vielleicht auch bei *fy* (cofia) cfr. Gröber, Grundriss I, 704. Bis zu einem gewissen Grade nur vor *ue*; ich habe zwar in dieser Stellung im 15. Jh. nur *huelgo* f. *fuelgo* v. *holgar*, *huente* f. *fuente* notirt, aber verschiedene Zeugnisse lassen keinen Zweifel, dass im 16. Jh. nicht allein das schriftgemässe *huesa*, sondern auch *hue*, *hueron*, *huego* etc. volkstümlich waren Die Herstellung des Lauts in alteinheimischen Worten wie *fiesta* f. *hiesta*, *fiebre* f. *hiebre* könnte lediglich auf gelehrt-höfischer Affektation beruhen; dass aber die rückläufige Bewegung auch arab. *ḥ* und *h* ergreift, Worte wie *alfiler*, das im 14. und 15. Jh. mit span. *h* vorkommt, bezeugt eine ausgedehntere Grundlage des Vorgangs. In Anlehnung an das erhaltene *f* war der Gebildete, dem einige Kenntnis der italienischen, französischen, lateinischen, nicht weniger der portugiesischen Sprache eignete, geneigt eine Aussprache, die er bei neuen Fremdworten wahrte, der etymologisirenden Schulschreibung anzupassen: vor *ue* wurde die Tendenz dadurch begünstigt, dass sich hier der sonst gefallene Hauchlaut erhielt, wie wohl auch eine Zeit lang vor *ie*. In den breiteren Schichten so weit sie mit den Arabern in Berührung standen, wie in Andalusien und zum Teil in Neucastilien und Aragon, trat ein ähnliches Verhalten gegen die arabischen Worte ein Der eigentlich castilische Laut war zu schwach geworden um als Ersatz des arabischen *f* dienen zu können: man entnahm bei Neuentleihungen dieses selbst, unter Rückwirkung auf ältere Worte die im gegenseitigen Verkehr dienten. Unterstützt wurde die Tendenz auch durch die Neigung der Canzleien in den zahlreichen arabischen Benennungen von Beamten, Abgaben, Oertlichkeiten die ältere Schreibung zu wahren, wie die Urkunden in stereotypen Worten auch latein. *f* zäher festhalten als die Bücher. Dem Zusammenwirken dieser Einflüsse etwa seit dem 14. Jh. verdankt das neuspan. *f* sein Dasein.

Für *ḥ* bietet, abgesehen von den *c* und *g*, das Portug. und Altsp. durchaus *f*; ebenso das Catal., welches der zahlreichen Entlehnungen halber bei gemeinsamen Worten nicht in Rechnung kommt, in dem nur hier vorhandenen *alfaría al-ḥâbîa*, das Neuspan. *f* und *h*. Ich stelle im Folgenden das Material, ebenso bei *ḥ* und *h*, nach dem Vorkommen mit *f* allein, *f* und *h*, und *h* oder Abfall zusammen, obgleich diese Unterscheidung mehr eine schematische als systematische ist. Portugiesisches *f* ist dabei gleichwertig mit spanischem eingesetzt, weil das Vorkommen auf dem Nachbargebiet höheres Alter belegt. Eine historische Anordnung ist bei dem Zustand der spanischen Lexicographie nicht möglich.

Nur *f* ist überliefert in **alface*, nach Eg. span. provinciell, pg. *alface, alfaça* Lattich *alḥaṣṣa*. — sp. pg. **alfange ḥanǵar*. — sp. *alfayate* pg. *alfaiate alḥaiyaṭ*. — sp **alforja*, pg. *alforge alḥorǵ*. — sp. *anifala* (?) *annoḥâla*. — sp. *azarnefe*, pg. *azarnefe arzen.fe azzarnîh*. — sp. *azofra*, *azofora aṣṣaḥra*. — *azofra* arag. Rückengurt des Zugpferdes *ṣifâr*, sehr fragwürdig wegen des Accentes, begrifflich erlaubt. — *falifa* sp. pg. *ḥanîfa*. — **falleba*, catal. *lléba ḥallâba*; die catal. Form deutet auf eine sp. *alleba*. — murcian. **farota*, andal. mit Suffixvertauschung *jarocha ḥarôṭa*. — sp. *marfuz* (J. R. 108, 322) *marḥûs*. — pg. *almofate almiḥiyaṭ* (?), *almofrez almoḥrâz*, *fatexa fattêśa* Suppl. II, 239, *tabefe tabîh*, *alfarroba* = sp. *algarroba*.

*F* und *h* finden sich in **alfiler*, *alfilel*, pg. *alfinete*, *alhelel* J. R. 697 in 1. Hs., *alhiel* l. *alhilel* im Nebrissensis entspr. valencian. *hilil alḥilêl*. — pg. *alfazema* sp. **alhucema al-ḥazêma* u. *alhuzêma*. — sp. pg. *alfombra*, sp. unüblich *alhombra alḥomra*; *allmofalla* P. C. 182 (nicht gallicisch) zu diesem Etymon zu stellen ist unstatthaft. pg. *mofatra* sp. *mohatra moḥâṭara* — sp. *rafez*, *refez*, *rahez*, *rehez* (alle bei J. R.), pg. *refece* etc. *raḥîṣ* — sp. *zaharron* (Siete Part. VII, 6, 4), ält. *zafarron* von *soḥara*; s. o. *socarron*. — Auch *falagar*, *halagar* ist hierher zu stellen, von *lagotear* zu trennen. Die von mir unter Ablehnung der Cornu'schen Erklärung als *faz* + *lagar* aufgestellte Ableitung von *hlahhan* widerspricht der Behandlung des germ. *h* im Spanischen. Es liegt *ḥallaḳ*, die 2. Form von *ḥalaḳ* zu Grund, die in Spanien nach Pedro de Alcalá *sossacar* bedeutete, = verführen, bei dem Florentiner Vocabulista *conformare*. Das sp. Wort bietet das von Dozy, Suppl. I, 398 vermisste Zwischenglied in der Begriffsentwicklung des arabischen. Da indessen *fallagar* äusserst selten ist, arab. *ll* span. in der Regel gewahrt wird, so ist anzunehmen, dass auch die 1. Form gleichbedeutend mit der 2. gebraucht ward; es wird kaum nötig sein zur Rechtfertigung das Adj. *ḥalaḳ* glatt heranzuziehen. Das theologische *halecar ḥalaḳar* creare der Moriscos (Münch. Sitzungsber. 1860, 234; Saavedra 127) kann dem nicht entgegenstehen.

Nur *h* oder Schwund ist belegt in **adehala, adahala addaḥâla* — *alboheza al-ḥobêza.* — **alacena,* unübl. *alhacena alḫazêna.* — *alhame, alhameria* (S. XV) *alḥâm.* — *alhayte* im Testam. D. Pedros des Graus. und Juans I *alḥay'* (kaum hierher *heite* mit abweichender Bedeutung, Berganza II escr. 23 u. Monum Port. Escr. 54, a. 944). — *alhandaque* nach Eguil. *alḫandaḳ.* — *alfahar alfar alfaḫḫâr.* — **aloque haloque ḥalôkî.* — *badeha *badea = albudega.* — **zahina* u. **saina,* im Canç. de Baena *çahena* urspr. Mehlbrei, jetzt Durra, *saḥîna.* — **zalea azulea saliha* s. Spl. I, 672 (nicht hierher, obgleich anscheinend arab., *azuleja* alt Tellertuch).

Nicht hierher zu zählen ist *arreo,* nach Eguil. *arrehôt,* ein entschiedener Gallicismus (in Nordfrankreich vielleicht noch vor der fränkischen Invasion aus dem Germ. aufgenommen); *eral* das für die *era* brauchbare Jungtier, nicht *arḫa.* Abfall am Ende nimmt Eg. bei andal. *arfa,* Sack am Netz = *alfaḥḥ* an, ohne sich durch die Verschiebung des Tons auf den Artikel stören zu lassen; vergl. auch sp. *azarnefe,* pg. *tabefe.* Sehr frühzeitigen Schwund setzt Dozy bei *alifara, alifala, lifara* voraus = *alḥifâra.* Ich muss zwar die von Eg. beigebrachte Erklärung aus *alfaraḥ* abweisen, da der Einschub des i nicht zu rechtfertigen ist, kann aber ebensowenig zugeben, dass etwa durch Dissimilation *f = ḥ* seit dem 12. Jh. in den Urkunden fehle. Ueberdies passt die Bed. von *alhifâra* nur halb. Semasiologisch wahrscheinlich ist die heutige arag. Bedeutung als leichtes Mahl älter als die des Trinkgelds, Aufgelds, obgleich der Natur der Sache nach nur die letztere bei den alten Kaufhandlungen vorkommt. *Hatun* nach Eg. türk. *ḫâtûn* darf kaum als spanisch bezeichnet werden.

Beim Zusammentreffen mit anderen Conson. hält sich der Laut in Verbindung mit r: s. o. span. *azofra, marfuz,* pg. *almofrez almiḥrâz. Almarada* kann, wie die Endung zeigt, nicht von dem gleichen Etymon kommen. In span. *anafe* von *nâfiḫ* (Dozy nach Slane im Handex., mit Bezugnahme auf Dombay = foculus major, u. Roland de Bussy = réchaud) tritt vielleicht die von Spitta S. 7 beschriebene Vocalisirung mit Schwächung des Hauchs am Wortende nach Consonant zu Tag, während in *almofia* alt = *al-moḥfiya* (cfr Suppl I, 387) Assimilation vorliegt. Das Etymon von *balax,* frz. *balais,* mhd. *balax* bei Wolfram, liest Dozy *balaḫš,* Eg. *balḫaš;* die erste Lesung entspricht der span. Form, *lh* war durch die Verbindung von anl. *h* mit dem Artikel geläufig und wäre geblieben. *Almostalaf* Esp. Sagr. 42, 291 ist vielleicht *almostaḥlaf,* nicht *almostaḫlaf* s. Suppl. I, 398 *Atacena* im Canç de Baena, begrifflich nicht sicher zu bestimmen, könnte mit Eg. zu *attashen* Kessel gestellt werden; vgl. jedoch bei demselben *asfa* (Guadix) = *'aṣfa*.

Da im Portug. auch das schwächere *h* regelmässig mit *f* wiedergegeben ist, kann *h* f. *ḥ* hier höchstens durch Entlehnung aus dem Castilischen vorkommen. So wohl in sp. pg. *aleli*, *alheli* v. *alhîrî*, *alḫailî*; Eguilaz führt als berberisch ohne Quellenangabe *alîlî* auf, das ich indessen nicht als Etymon anzusetzen wage, da es aus dem Span. rückübertragen sein kann. Pg. *sueira*, *sueyra* soll einen kostbaren Stein bezeichnen und *ṣuḥaira*, Steinchen, sein: jedenfalls unrichtig, wie es überhaupt gewagt ist an einem so ungenügend definirten Wort auf Arabismus zu experimentiren. Das wahrscheinliche lat. Etymon werde ich weiterhin nachweisen. *Alfella*, *alhella* bei Sta. Rosa trennt Eg., ich weiss nicht weshalb, von pg. *algela* (auch *alhela* cfr. *alhaima*), *alahea*, *alahela*, als von *alhela campo* kommend, *campagne*, *désert inhabitale*, *ruine* Suppl. I, 402. Es mag hier bemerkt sein, dass die von Dozy Gloss. 267—268 auf Grund zweier höchst fragwürdiger Belege angenommene arabische Verwechslung von *f* mit *h* und *ḥ* durch das Spanische keineswegs bestätigt wird. Schon dass die Behandlung der so nahe stehenden Laute, wie sich zeigen wird, merkliche Unterschiede aufweist, sichert eine genaue Trennung in der grundliegenden Sprache.

Dozy Gloss. S. 13 nimmt Uebergang als *ch* an in *cherva ḫirwa* und *choza ḫoṣṣ*, hält das erstere S. 253 für einen unzweideutigen Beleg. *Cherva* (pg. unüblich *querba* — *xerva* soll eine Art Flachs sein — dafür *mamona* und *carrapateiro*, auch *figueiro do inferno*, sp. *higuera infernal*, in seltsamer Berührung mit dem Stechapfel, gelehrt *palmacristi*, *rezno* nur Zecke) ist Italismus oder es liegt der Fall vor, dass allzu genaue gelehrte Schreibung bei weiterer Verbreitung eine falsche Aussprache bestimmt hat; gerade dass Dodonaeus, Cruydt-Boek, *kerva* neben *cherva* stellt zeigt den Sachverhalt. Die zu Gunsten von *ḫaṣṣ* gegen *choza pluteum* geltend gemachten Bedenken sind grundlos, der Begriffsübergang vom geflochtenen Schirmdach zur Feldhütte durchaus naheliegend. *Rocho roḫ*, das die Academie aus der Vorrede zur Celestina entnommen haben wird, hat *ch* = *c*; vgl. S. 13 über *ruc*.

## ح

***ḥa*** „sonum *hh* habet" Dombay. Bellemare will den starken Hauch ohne Hemmung die Kehle passiren lassen, während Spitta die Kehlkopfränder zusammendrücken und den mittleren Zungenrücken etwas heben lässt, in Uebereinstimmung mit der Beschreibung Wahrmunds. „a very sharp but smooth guttural aspirata, stronger than *h*, but not rough like *ḫ*" Wright. „non tiene mucha necessidad de plática, por que quasi esse mesmo son tiene enel arauía que enel aljamía o lengua castellana. Ca assi como dezimos enel castellano hazer, assi enel arauia dezimos hamelt" P. d. Alcalá S. 71. Die Behandlung des Lautes ist naturgemäss wesentlich gleichlaufend mit der des *h*, von portug. *f* bis zu andalusischem *j* in *guajate* (Dozy Gloss. S. 281), *jabeque*, *jarifo* u. a. Doch ist eine Verschiebung in der Richtung des *h* nicht zu verkennen. Bei einer fast dreifach grösseren Gesammtreihe ist *ḥ* kaum halb so oft durch *c* oder *g* wiedergegeben als *h*. Dafür bildet Schreibung mit *h* die Regel in den unten zusammengestellten arab. Namen der Urkunden des 9.—11. Jh.; sie findet sich im 11. in *alhot* f. *alfoz*, im 12. in *zahalmedina* Muñoz Col. 373, ist fast vollständig durchgeführt in Alfonso's X Libros del Saber de Astronomia, mit allerdings ausgeprägt gelehrtem Charakter. Im 14. Jh. geht bei dem Eintreten von *h* für *f* *ḥ* voran; so in Alfonso's XI Libro de Montería, bei Lopez de Ayala und Juan Manuel (allerdings Copie s. XV); bei Juan Ruiz zeigt die Hs. Salamanca, die sonst *f* wahrt, hier mehrfach *h*, in den anderen beiden wiegt dieses vor, während lat. und arab. *f* meist bleibt. Im 15. steht *h* fast ausschliessend im Cançionero de Baena. Dem entsprechend ist die Gesammtzahl der Fälle in welchen heute *f* arab. *ḥ* entspricht absolut kleiner als die der *h*, relativ um das vierfache geringer, und findet sich kein so volkstümliches Wort darunter wie *alforjas*, *alfange*, *alfiler* mit *f* für *ḥ*. Sehr bemerkenswert ist, dass sich selbst portugiesisch Spuren der Darstellung mit *h* finden. Bei Berücksichtigung aller Fehlerquellen ist der Schluss berechtigt, dass seit dem 9. Jh. *h* als Zeichen eines Lautwertes $= f =$ arab. *ḥ* und *h* vorhanden war, die Schreibung des 14. Jh. an diese niemals ganz verlorene Tradition anknüpft. Die weitere Folgerung ist kaum abzuweisen, dass man wenigstens auf einem Teil des Gebietes den Laut ebenso von den Arabern erlernt hatte wie die Gallier das fränkische *h*, und diesen von *h* und lat. *f* unterschied.

*C* für *ḥ* lässt sich mit vollkommener Sicherheit nur im Auslaut constatiren. (In Sicilien *carrri ḥarrâr*, *cabbasisa ḥabb'azîz*, *machadar maḥdar*. Marmol giebt *h* mit *c*, *ḥ* mit *h* wieder, so auch andere Reisende).

Sp. pg. **almadraque*, catal. *almatrach* = *almaṭraḥ*. Zum ersten mal findet sich diese Form des Wortes ausserhalb Spaniens in prov. *almatrac* (s. b. Raynouard); ihr entspricht frz. *materas*, *matelas*, dem italien. *materasso* entnommen ist, mhd. *matraz* schon bei Wolfram. Der span. gewöhnlichen Darstellung entsprechen *almandrá* i. J. 1053 bei Sta. Rosa, valencianisch *matalaf*, und in einem Document aus Granada v. 1517 (s. b. Eg.) *matahe*, wofür *matrahe* zu lesen ist.

*Alcana* sp. f. *alheña* = *alḥanna* ist Italianismus des Droguenhandels.

Sp. *mistico* catal. *mestech* = *mosetteḥ*. Das span. Wort wird nur von Gayangos angeführt, steht nicht im Diccionario Marítimo, und ist jedenfalls Catalanismus.

*Roque* andalus. = fort!, nach Eg. *roḥ* Imperat. zu *râḥ* gehen. Ist der Ausruf echt volkstümlich und nicht etwa von Schachspiel entnommen?

**Raqueta* sp. etc., nach Littré und Devic von *râḥa* flache Hand, durch mlat. *racha*. Ist gut, das Wort aber in Spanien anscheinend nicht sehr alt; vgl. unter *g* über pg. *rasqueta*.

*Almocafe*, **almocafre* Jäthaken, Jäthacke, fehlt pg. Nach Dozy von *almiḥfar ligo*, oder vielmehr dem Plural *almaḥâfir*. Es mag immerhin auf die Möglichkeit verwiesen werden, dass hier die rückübertragene Arabisirung eines spanischen Worts vorliege, *gafa* oder *garfa*, *garfio*, mit Präfigirung des zur Bildung von Werkzeugnamen dienenden *mi-* (vgl. Dozy Gloss. s v. *moharra*) und *k* für *g* wie *ṭarika* aus *targa*.

*Tarquin* Schlamm, nach Eg. von *ṭarḥîn*, einem construirten Plur. zu *ṭarḥ*. Ich sehe nicht recht warum man gerade in Spanien die begriffswidrige Mehrzahl gebildet hätte.

*Carmel*, breitblättrige Art Wegerich, nach Dozy *lisân al-ḥamal*. Solche Ellipsen kommen vor. aber woher rührt das r?

*Carraca* nach Eg von *harrâk ḥarrâka*, demselben Wort aus welchem Dozy *faluca* leitet. Frz. *caraque*, ital. *caracca* etc. sind nicht in Rechnung gezogen und nicht beachtet, dass diese Worte immer ein Lastschiff bezeichnen, das arab. eigentlich einen Brander. Nächst den Bemerkungen Devic's cfr. auch die abweichende Verwendung des Worts im Portug.

*Cavial* hängt mit *ḥawiâr* nur indirekt zusammen, ist durch das Franz. vermitteltes slavisches *kawiar*.

*Coto* sp. i. d. B. Grenzstein ist nicht *ḥadd* sondern *cautum*.

*Soquir* pg naschen von *saḥur* Frühstück ist nach Form und Inhalt unzulässig.

*Zarca* andal. Pfuhlwasser von *ṭarḥ stercus* ist wegen t zu z unerlaubt. Von *zarco* wegen der Farbe?

*G* findet sich, wie für *ḥ*, bei Cervantes in der Wiedergabe von *ḥarbî* als *garbin*, *baḥrî* als *bagarino* (cfr. u. *baharí*). Eguilaz führt weiter *garifo* an, nach den Wörterbüchern Homonym zu *jarifo ḥarîf*. Das arab. Wort findet sich sehr spät in Afrika (s. Suppl. I, 272) als *chaland*, *amant*; *jarifo* scheint allerdings dessen ziemlich junge andalusische Wiedergabe zu sein, von dem Süden aus weiter verbreitet, wie mehrere Worte ähnlicher Bedeutung. Wenig günstig für *ḥ* oder *h* ist dass auch *xarifo* auftritt. Bei *garifo* ist zu beachten, dass *garîb*, eigentlich „fremd“, von der Bed. seltsam, ausserordentlich aus sehr wohl die bizarr, geschmückt ergeben konnte; der Wandel von *b* zu *f* im Auslaut ist belegt; auch *ḥarîf* kommt in Betracht, da radoteur und Galan in der andalusischen Denkweise nicht weit auseinander liegen. Ueber *gamarza* s. u. *alfarma*.

Nur *f* ist überliefert in *alforre*, unedler Raubvogel bei Juan Manuel, = *alḥorr* das allerdings. s. Suppl. I, 262 über *ṭîralḥorr*, gerade den edlen Vogel meint; *alifafe*, *alifaf* Art Decke in span. u. pg. Urkunden S XI—XIII *alliḥâf*: *freno con anfaz* in den Cortes de Valladolid 1258 §. 15 nach Eg. *annoḥâs* Kupfer, gut, doch in *anofaz* zu bessern; *atafime* Ord. de Sev. *attaḥama*. Ausschliesslich portugiesisch sind *alfeire alḥeir*, *alféloa alḥelâwa* (die Form ist der von Eg. bevorzugten *ḥalûa*, aus Marcel, im Hinblick auf die Belege Suppl. I, 318 voranzustellen), *alfobre alḥofre*. *atarrafa*, *tarrafa aṭṭarrâḥa* (über *atarraya* s. u. *ǵ*), *azáfama* (versch. von *adaçama*) *azzaḥma*, *falacha ḥalîǵa*, *locafa* nach Sousa *luḳâḥ* unabhängige Horde: *façame* bei Sta. Rosa, nach Eg. *ḥaṣân*, ist wohl *facané* = *facanea* zu lesen. Andalus. *alfarge alḥaǵar* (das Vorkommen bei Covarrubias und Tamarid zeugt nicht für weitere Verbreitung) hat wohl *f* = *j*. Die *falcas* des Schiffs erklärt Dozy als *ḥalḳ* Umfassungsmauer von *ḥalaḳa* umschliessen, sehr wenig überzeugend; übrigens ist die Mehrzahl der Seemannsworte nicht eigentlich castilisch. Das von demselben zu *ḥalḳa* = sp. *alhelga* gestellte *falca* bei Victor ist identisch mit arag. *falca* = *cuña de madera*, dem ein catalanisches *halca* und sp. pg. *desfalcar* genau entspricht, während pg. *falca* Drehscheibe, *falquear* abvieren, auch mit Keilen stützen, begrifflich weiter geht. Gegen arab. *falaḳa* splittern, *falḳa* Splitter spricht vielleicht die catal. Form: sie wäre der einzige Fall der Entlehnung von arab. *f* als *h* aus dem Castilischen.

*F* und *h* zeigen:

**Albufera*, **albuhera* (Siete Part. V, 5, 30), **albuera albohera* span., *albufeira* pg. *albuḥaira*

**Alfabega*, murcian. *alhabega*, *alabega*, üblicher *albahaca*, pg. *alfávaca*, frz. *fabrègue alḥabaḳa*.

*Alfageme* sp. (so 2 Hss. bei J. R. 1390) pg., *alhageme* (so Calila y Dimna) *alḥaǵǵêm*.

*Alfaja*, **alhaja alḥâǵa*.

*Alfaje* Conq. Ultram. 293, *alhage* Cron. Alf. XI, 227, 239 *alḥâǵǵ*; *alhache* Ordenam de Gran. *Alhoja* ist kaum dasselbe Wort.

*Alfamar* (J. R. 1228, 3 Hss.), *alhamar*, *alamar*; pg. alt *alfámbar alḥanbal*. Das pg. gebräuchliche *alambel*, *lambel*, span. veraltet (nicht alt) *arambel* soll eben daher kommen. *Harambel* als span. bei Eg. S. 420 u. 550 könnte orthogr. *h* bieten; derselbe verzeichnet aber auch (andal.?) *jarambel*, und es ist nicht angezeigt hier Metathese anzunehmen. Das Etymon *šarmûṭ* kommt nicht in Frage, auch nicht *xerampelinus*.

*Alfaquin*, *alhaquin* (so Alf. X Libr. Astr. neben *alphaquin*) *alḥakîm*. Pg. *alfaquîm* Seehahn ist vielleicht das gleiche Wort. Span. alt *alhaquin tegedor* der Wörterbücher leitet Müller von *ḥâïk*, Dozy von dem Plur. *ḥâïkîn*: die Pluralform der Handwerkernamen bezeichnet die Quartiere derselben und die Spanier nannten einen Bewohner des Quartiers so wie dieses selbst. Die letztere Annahme ist sehr bedenklich. Bei Eg. fehlt das Wort ganz.

*Alfaxú*, *alaxú*, **alajú*, *alexur* (Victor), *alfaxor* *alḥašû*; ich merke an, dass mir *alfaxor* nur als Getränk = *alfašûr* bekannt ist, während es bei Victor und Terreros mit *alajú* identificirt wird.

*Alfeña* (L. M. II, 22), **alheña* (J. R. 422, 2 Hss.), pg. *alfena*, *alvena* *alḥinnâ*. *Alvena* ist merkwürdig, da sich pg. *v* für *f* sonst nur in Proparoxytonen, scheinbar vor Vocal, in Wirklichkeit ebenso wie span. durch die Berührung mit folgendem Consonant hervorgerufen findet; *v* für griech. *φ* ist wesentlich verschieden.

*Alfareme* sp. pg., *alhareme* sp. *alḥarâm*.

*Alfarma*, *alharma*, *harma*, **alhárgama*, *alárgama*, *alárgema*, *ármaga*; auch *alhámega* wird als provinciell angeführt, wahrscheinlich fehlerhaft. Den ausserspanischen Formen liegt griech. *ἁρμαλᾶ* zu Grund (nach Dioscorides Fremdwort), *alfarma* aber weisst auf *alḥarmal*. Wie die hybriden Formen sich entwickelt haben ist unklar; *amargaza* Castigos 164 u. 165, üblicher *gamarza* scheint mit ihnen zusammenzuhängen, lässt sich aber nicht gut aus g für ḥ erklären. Portug. ist *harmala* das wissenschaftliche, *harmale* das frz. Wort; catal. *ármala* frz. *harmale*, ital. *armora*, deutsch Harmelraute.

**Alhelga*, *helga*, galliz. *alferga*, *alhelca* Alf. X. Libr. Astr. *alḥilka*.

**Alfolla*, jünger *alholla* *alḥolla*.

**Alfombra*, *alhombra* Rotlauf *al-ḥombra*; üblicher *alfombrilla*.

*Alforra* pg. **alhorre* sp. Milchgrind der Kinder, *alforra* *alforre* pg. Getreidebrand *alḥorr* „entzündliche Magenkrankheit der Kinder die im Mund eine Art Fäule hervorruft“; s. Suppl. I, 263. Eguilaz nimmt ohne jede Begründung für das pg. Wort die Aussprache *alḥarr* an. Das gleichlautende *alhorre* J. R. 981 in einer dunkelen sprichwörtlichen Wendung ist nicht zu bestimmen, nur in einer

Hs. überliefert; Interpretation als Beule-Entzündung (cfr. franz. *horion?*) klärt die Stelle nicht auf.

*Alforrecas* pg., *alhurreca* span., *alhurrêḳ* Salzwasser. Das span. Wort wahrt die Bed. Salzschaum des Meeres, die der Meernessel ist übertragen oder von dem gleichstammigen *ḥurraiḳa* Nessel aus *ḥarraḳa* brennen genommen.

*Alfoz* sp. pg., *alhoz* sp. *alḥauz*. Esp. sagr. 16, 450 a. 1027 steht *aloth* ib. 26, 451 a. 1068 dreimal *alhot*, um die gleiche Zeit oft *alfoz* und so schon 972 Yepez I, 31, J. R. 1264 *alfoz* und *alhoz*; cfr. *alhobz* ca. 1120 bei Ducange.

*Alforva*, **alholva* sp., *alforvas, alfolvas, alforba, alforbe, alforfa* pg. *alḥolba*. Die angebliche Nebenform *albolga* beruht wohl auf falscher Interpretation; sie kommt vor = *alborga*.

**Alforza* unübl. *alhorza, alḥozza*, das genau der Bedeutung des castil. Wortes entspricht, s. Suppl. s. v.; cfr. *alcarcil* f. *alcaucil, jaguarzo šaḳuâṣ* u. a. Das von Eguilaz vorgeschlagene *alḥorza* steht viel zu fern.

*Almofaça* pg., **almohaza* sp. (J. R. 898) *almoḥassa*. *Almofaz* im Canç. de Baena gehört schwerlich hierher, da dort *h* für *ḥ* zu stehen pflegt, die Begriffsübertragung unbelegt ist.

*Almofalla* sp. pg. (passim P. C.), *almohalla* sp. (J. R. 1050 *almohalla* und *almofalla*), *almahalla, almahala* sp., angebl. auch pg., *almaḥalla*. *-mo-* für *-ma-* durch Praefixverwechslung.

**Alquifol* sp. pg., *alcofor* pg., *alcofol*, **alcohol* sp., *alcofoll* catal., frz. *alquifoux*. Zu Grunde liegt nicht *alkoḥl* sondern die dialektische Pluralform *koḥôl* des Voc. Flor., bei P. de Alcalá sp. *alcohol*, arab. *cohól*; der eingeschobene Vocal würde nicht den Ton erhalten haben.

*Atafona* pg., *atahona* (J. R. 674, 912, Danza de la muerte), **tahona* sp. *attaḥôna*.

*Bafarí* pg., *baharí* sp. (Juan Manuel, Lopez de Ayala, Cortes), auch pg., *baḥrî*. Dozy Suppl. I, 53 ist geneigt das Wort als den Falken zu nehmen mit dem man den Sumpfvogel jagt; die Auffassung als Wanderfalke, der vom Meer, von Norden (*baḥrîyun* nördlich) kommt, ist die entschieden richtige.

*Batafalua, batafaluga, matalahuva, matalahua, matalahuga, matafaluga*. *alḥabba-alḥalûa* entspricht nur in der zweiten Hälfte dem span. Wort; die Transscription *habbat alhulua* bei Eguilaz ist Druckfehler.

*Cadaf, caduf* catal., *cotofre cotrofe* galliz., *cadahe, cadae* granadinisch *ḳadaḥ*.

*Fabarraz* (Lopez de Ayala), *habarraz* (Alf. XI Libr. Mont.), *abarraz, abarrazo, albarraz* (Cal. y Dimna), pg. *paparraz ḥabbarrâs*. Hierher auch **abalgar ḥabbalgâr*; *abelmosco ḥabb el mosk*. Cfr. u. *Hababol hamapola*. Andrer Herkunft muss *alfaba, alhaba* sein.

*Faron, faronía* J. R. 615, sonst *haron ḥarôn*. J. R. 850 *non vos alhaonedes* (nur 1 Hs.) gehört kaum hierher.

*Fata, hata ḥattâ*. *Fasta, hasta* (das übrigens erst spät Boden gewinnt, z. B. P. C. nur 2770, sonst *fata*) u. pg. *até* sind anderen Ursprungs. Das alte *ata*, welches sich nach Portugal erstreckt, in Leon und Asturien besonders häufig erscheint, *dataca* von damals bis heute in einer hs. Uebersetzung des Maymonides, *atanesaquí* mehrfach im F. J., danach *atánes* der Wörterbücher, würde nicht durch getrennte Schreibungen *a ta, ad ta*, noch durch *enta el cielo* im Fuero de Villavicencio, das analogisch sei könnte, wird aber durch sein ganzes historisches Auftreten von einem mit *ḥ* anlautenden Etymon abgeschlossen. Es ist *atá* zu betonen.

*Fato* sp. pg., **hato* sp. (J. R. 945, 985, 1446, Alf. XI L. Mont. II, 303 u. passim.), *ḥaẓẓ*, nicht germanisch

*Forro* sp. pg. (*aforrar* J. R. 486, 1099), **horro* sp. *ḥorr*.

*Fouveiro* pg., *hobero, *overo* sp., *aubère* frz. *ḥobêrî*. Die Etymologie ist sicher, obgleich die Benennung der Farbe des Pferds nach der des Straussenfleischs nur durch den Padre Guadix bezeugt ist. Uebertragenes *fauve* wäre nicht mit der Endung ausgestattet worden.

*Rafal*, mallork., *rafallum* in catal. Urkunden, *arrafalla, rrafalla* Fuero de Salam. (s. XII) 211, *rahal* i. e. Doc. Alfonsos X, *rafallo* b. Gonzalez de Clavijo, Hirtensiedlung, Meierei. Der Accent zeigt dass nicht direct *raḥl* zu Grunde liegt, sondern entweder der Plur. *arḥâl*, der dem Collectivbegriff der Herden des Vorwerks sehr wohl entspricht, aus welchem der der Meierei erwachsen ist, oder *reḥâla*, welches Dozy für J. R. 1196 *Rehalas de Castilla con pastores de Soria* (var. *realas, rehallas*) ansetzt und welchem die *arreala* der Wörterbücher entspricht. Zum gleichen Stamm gehört *rehalí* Cron. Alf. XI, Adjectivbildung zu *reḥḥâla* Nomaden.

*Tarefa* pg., **tarea* sp. *ṭarîḥa*.

*Sáfaro* pg., *zahareño* sp. Nach Dozy von *ṣaḥrâ*, nach Eguil. jenes *ṡaʿarî silvestris*, dieses zu *ṣahir* rauh, felsig. Das span. u. pg. Wort sind unzweifelhaft identisch, und nicht wohl von dem durchaus volkstümlichen pg. *sáfara, sófora* steinige Wüste, steiniges Erdreich, sp. bei Lop. de Ayala, Libro de la Caza 8 *çafara*, als Ortsname *Zahara* bei Alcaudete, Lib. Mont. II, 336 zu trennen. Es ist aber immerhin möglich dass dieses nicht *ṣaḥrâ* Wüste, sondern *ṣaẖr* Felsen wiedergiebt; cfr. auch *ḥamâma ṣaẖriya* Felsentaube.

*Zaforar* catal. mallork., *zahora* i. d. Mancha, *zaherar* 1 Hs. J. R. 282 l. *zahorar saḥôr*.

Nur *h* zeigen:

*Alcohela alkoḥeila*. Suppl. II, 447 auf welches Eg. verweist ist nur das im Gloss. Gesagte wiederholt.

**Alhadida* (chem.) *alḥadîda*.

**Alhamel* Packträger *alḥammâl*. Als Vermiether von Saumpferden nach Eg. *alḥammêr*, eigentl. Eseltreiber (cfr. *ḥamara* Maultiercaravane), als Saumtier *alḥimâr* Esel oder *alḥamûla* Lasttier. Das letztere passt lautlich nicht; wie es aber durch Ellipse entstanden ist — *ḥasân ḥamûla* cfr. *ḥammâla* Transportschiff gleichbed. *markab ḥammâl* — dürfte das auch bei einer anderen von *ḥaml* abgeleiteten Verbindung geschehen sein. Für den Vermiether ist diese Art der Entstehung durch das Citat in Dozys Gloss. ziemlich gesichert; es ist wenig angezeigt zwei Etyma aufzustellen wo eines genügt.

**Alhandal alḥanẓal*.

*Alhania alhanîja*.

*Alhanin* Zeugungsmittel der älteren Medicin von „*alḥanîn afecto amoroso* r. *ḥan* desear con ardor“, Eg. Das Etymon ist construirt und in jeder Hinsicht fragwürdig.

**Alharaca alḥaraka*.

*Alharara* in den Ord. de Sev., bei Dozy *alḥuwâra*, während Eg. mit Recht die Form *alḥawârî* bevorzugt; die weibliche Endung wegen *harina*. Vgl. auch *ḥawâr, ḥawâra* und *moḥawar* Suppl. I, 334.

**Alhelga, helga, alhelca* Alf. X Libr. Astr. als Arabismus, *alḥilka*.

*Alhema* in e. Urk. v. 1320 (Tudela) bei Yanguas, Adiciones 358 ist ohne Frage, wie Eg. sagt, identisch mit **alema lema* Wassergerechtigkeit. Eben so sicher ist das Etymon *almâ* Wasser falsch; es hätte *almá*, höchstens *alma* ergeben. Das von Dozy angenommene *alḥimâ* chose défendue ist eine höchst unsichere Conjectur.

*Alhaxix, alhaxixa* (Enr. de Villena), *alhexixa alḥašiš* bezw. *alḥašîša*.

*Alhofra* (Juan Manuel) *alḥofra*.

*Alhorma* (Cron. Pero Niño II, 13) vom Feldlager vielleicht specifisch des Königs; *alḥorma* findet Dozy mit Recht ungenügend und Eguilaz macht das Etymon durch eine recht unglückliche semasiologische Conjectur keineswegs wahrscheinlicher; eher noch passt das von dems. angeführte *alḥorom*, Plur. zu *alharîm*.

*Almallahe* (Fuero de Molina) *almallâḥa.*

*Almoharran* Alf. X Libr. Astr. *almoḥarram.*

*Almoharrefa* Orden. de Gran., *almorrefa, almorefa* Ord. de Sevilla, wohl *almonḥarif* Trapezoid W. *ḥaraff,* durch Eintritt von Praef. *mo-* f. *mon.*

*Almihuar, almehuar, mehuar* Alf. X Libr. Astr. *almiḥwar.*

*Arraihan,* **arrayan, arrahan* Lib. Mont. II 19. Juan Manuel 252, *arrehan* Alf. XI L. M. II 6, 20 u. Bd. II, 321. 398, *arraião* pg. *arraiḥân.* Ebendaher die Adverbialform cordob. *rehaní reiḥânî.*

*Açafeha* Alf. X Lib. Astr. als Arabismus *aṣṣafîḥa.*

**Fomahante fomalḥût* mit gelehrter Corruptel des Sternennamens.

**Guahate,* **guahete* andal. *wâḥid.*

*Habiz* u. *ahbis* in andal. Urkunden *aḥbâs* pl. v. *ḥabus.*

*Hacino ḥazîn,* auch in den beiden Stellen des Canç. de Baena, für welche Dozy wunderlicher Weise ein anderes Etymon suchen zu müssen glaubte.

*Hafiz, haiz, afice ḥâfiẓ.*

*Haguela, aguela* granad. Urk, *ḥawêla.*

*Halía* J. R. 1010 *ḥalî* oder *ḥilîa* ornatus. Bei dem komischen Zug in den Forderungen der Serrana ist auch *ḥalîʿa* wenig getragenes Kleid (Suppl. I, 395) möglich.

*Hamaryllo* Canç. de Baena, worthaschende Weiterbildung von *ḥarâm* oder *ḥaram.*

*Hamapola,* **amapola, hababol, ababol,* pg. *papola ḥabba baura.* Die Etymologie stammt von Dozy, nicht von Covarrubias. Neben der auf *ḥabba,* Samen umgedeuteten arab. Form stand nach dem Pg. eine dem zu Grunde liegenden *papaver* genau entsprechende.

*Hamil* Alf. X Libr. Astr. als arab. Wort, = *ḥâmil* S. Suppl. I, 328.

*Hara* u. *ara* granad. Urk. *ḥâra.*

*Hisan* (Berganza) l. *hizan* = *ḥiṣan.*

**Hoque ḥakk.* Zusammenhang ist kaum in Abrede zu stellen, aber der Vocal fordert *ḥokk.*

*Hurí* ist zunächst frz. *houri,* dies pers. *ḥûrî*; s. Dozy, Gloss. s. v., bei Eguilaz vollständig verunstaltet.

**Mahaleb* sp., **mahalebe* sp. pg. *maḥleb.* Die Bezeichnung, welche auch der wissenschaftlichen Botanik geläufig ist, trägt gelehrtes Gepräg; populär ist *cerezo de Mahoma.*

*Maharon maḥrôm.*

*Moharra moaḥar* im Wb. der Akademie v. 1884 würde dem Laut genügen, findet sich aber, wie Eg. richtig bemerkt, nicht in den

Lexiken. Aus *ḥarba* kann es nicht entstanden sein, ebensowenig aus *miḥraz almofrez*.

*Tahen* (Thier das die Mühle treibt bei Engelmann; woher?) *ṭaḥḥên* celui qui fait moudre?

Auch *ḥ* fehlt der Ueberlieferung in den schon angeführten **abalgar*, **abelmosco*; *axixen ḥaššâšîn* der Conqu. Ultram., modern mit indirecter Ueberlieferung *asesino*, *asasino*; *alifa* in Malaga nach Eg. *ḥalifa*; *almadana* nach Eg. *almaṭaḥana*, nach Dozy *mi'dan*. Im Auslaut nach Eguilaz bei *tara ṭaraḥ*, während Dozy in Gloss. u. Suppl. *ṭarḥa* schreibt. Das arab. Wort ist mit der ersten Vocalisation gar nicht, mit der zweiten nicht in dieser Bedeutung belegt, durch die Verschiebung weniger als Nichts gewonnen, Zugehörigkeit zu W. *ṭaraḥ* allerdings ziemlich sicher. Für **nafa* ist mit Rücksicht auf die Belege Suppl. II, 694 die Form *naffâḥ* (nicht *nafâḥ*) wohl der von Defrémery bevorzugten *nafḥa* voranzustellen. Pg. *nafé d'Arabia* ist das gleiche Wort.

Die Einschiebung des vorausgehenden Vocals zwischen *ḥ* und *l*, *r*, *m* in *azáfama*, *baharí*, *sáfara*, *mahalebe*, *maharon* ist wenigstens bei *ḥr* als vulgärarabisch zu betrachten; P. de Alcalá schreibt arabisch báhar, baharí, maharóm. In *almostalaf*, wenn von *almostaḥlaf*, unterbleibt sie wegen der Häufung des Gleichklangs. *Almiral*, **almirante* etc. betrachtet Eg. als *amîr arraḥl* unter Berufung auf eine Stelle (Suppl. I 517) an welcher *arraḥl alándalusa* von den „navires de transporte qui entretenaient la communication entre l'Afrique et l'Espagne" gebraucht ist. Angenommen dass dies die regelmässige Bezeichnung einer Flotte von Kauffarern oder Transportschiffen gewesen sei, dass diese regelmässig von einem Emir geleitet wurde, beides unerweisbare Voraussetzungen, würden die Christen kaum die Bezeichnung des Führers nicht nur zur See, sondern auch zu Land, gerade von dieser Institution zu entnehmen Anlass gefunden haben. Das historische Auftreten des Worts ist der Hypothese durchaus ungünstig; auch die an sich naheliegende Vermutung dass die verschiedenen romanischen Endungen Varianten eines als Suffix aufgefassten arabischen Compositionsteils seien findet in ihm keine Stütze: es entspricht durchaus Dozys Auffassung als erweitertes *amîr*. Durch Amari, Storia dei Musulmani di Sicilia III, 351 u. 352 ist der Nachweis erbracht dass der mlt. *amiratus* den griech. Genitiv ἀμηράδος von dem aus ἀμηρ = arab. *amîr* geformten ἀμηρᾶς wiedergiebt. Das Wort findet sich bei byzant. Schriftstellern im 12. Jh., wird um diese Zeit in Italien üblich, kommt aber merkwürdiger Weise schon bei Einhart vor. *Aral* in einer pg. Urkunde bei Sta. Rosa, das Eguilaz ebenfalls zu *raḥl* stellt, bezeichnet dort keine Hirtensiedlung, sondern ein Grundstück mit Wasser und Weingarten, letzterer als Dependenz eines Vorwerks unmöglich; es ist lat., cfr. Romania XI, 81 über *aro*. Das gleiche arab. Etymon soll in ders. Sprache *araial, arreal*, Lager bei Sta. Rosa, ergeben haben; es ist das eine Erweiterung von *real*, eigentl. königliches Hauptlager. *Almarraes* ist sicher nicht *almiḥlâġ*; der Auslaut konnte am wenigsten in einem nur als Plural gebrauchten Wort abfallen. Beachtenswerth ist der Unterschied in der Aussprache von *ḥr* sp. pg. *fr* in *azofra* und *almofrez* S. 16. Es schien indessen nicht erlaubt hieraus auf das Stammwort von *sáfaro* einen Rückschluss zu ziehen, da P. de Alcalá arab. *çáḳara* neben *çáḳra* schreibt, span. *azofora* neben *azofra* steht.

Vor anderen Consonanten als den Liquiden fällt der Laut, nachstehend selbst bei *l* (*r*, *n*, *m* fehlen). *Almotacen* etc. *almoḥtasib, almexía almeḥšîa, moxí* **mojí mojil moḥšî,* **zafa* **safa* andal. *ṣaḥfa, moçafo* pg. *moṣḥaf, almalafa marrafe* in e. Urk. bei Eg. *almalḥafa*, vgl. *Guadalajara* neben *Guadalhajara*, *Guadalfajara* schon J. R. 1344, 45, 51 *wadal ḥiġâra*. Ueber *tara ṭarḥa* und *nafa nafha* s. o. Ebenso sind die verkürzten Formen der sp. pg. catal. Composita von *ṣâḥib* aufzufassen die älter sind als der sonstige Ausfall des *ḥ*: *zavalmedina* u. *zalmedina ṣâḥib al medîna, zavalchen* (*ch* = *k*) *ṣâḥib alaḥkêm, zabacequia ṣâḥib assêḳîya*, *zabazalá ṣâḥibaṣṣalâ*. Besondere Schwierigkeiten macht sp. **azotea* pg. *açotea* und mit abweichender Betonung *sótea*. Das Diminutif *soteiha* scheint Engelmann nur construirt zu haben; es ist durch das Pg., das *soteifa* bieten würde, verneint. Zusammenhang mit *assaṭḥ* ist kaum in Abrede zu stellen. Dozy denkt an arabische Erleichterung durch Vocaleinschiebung. Aber auch so würde pg. *f* vorliegen, und überdies bleibt *a* zu *o*, wie allerdings auch anderwärts, unerklärt. Als Beleg für jenen Vorgang kann sp. *atafea attafḥ* nicht zugelassen werden; das Wort ist ebenfalls, wenn auch noch so gut, construirt, nach der Analogie von *fḥ* in *anafe* Assimilation zu erwarten, die andere ebenfalls nur vorausgesetzte Form *attafêḥa* immerhin annehmbarer. Das weitere angezogene arag. *atarréa* = *ataharre attafar* wäre unter allen Umständen anderartig.

Eine Spur schwächerer Wiedergabe in Portugal würde, abgesehen von *mahalebe*, in *arrayão* vorliegen, das aber für eigentlich pg. *murta* aus Spanien entnommen sein kann. Die *alhetas*, Billen des Schiffs, nach Dozy *alḥîtân*, sind sp. cat. *aletas* von *ala*; *alheta* Saum Verbrämung ebendaher?? gewiss nicht *alḥîyêta*. Für *alfella* ist die Herleitung Sousas von *alḥilla* erlaubt, nicht aber für *alhella* bei Sta. Rosa, jetzt *alhela algela*: die Annahme der Assimilation von *ḥ* mit dem *l* des Artikels ist hier durch die Formen *alahela, alahea* ausgeschlossen. Doch kann die Möglichkeit eines derartigen Vorgangs nicht unbedingt bestritten werden; er würde lautlich den oben angeführten altspan. *almalafa, Guadalajara* nahe stehen; wenn fast durchaus *al-ḥ alf* ergab, so kann das durch Nebenformen ohne Artikel veranlasst sein. Der Abgrund *Alhafa* bei Santarem, in welchen die Mauren die Verbrecher stürtzten, hiess arab. *ḥâfa* wie Dozy Suppl. I, 338 nachweisst; die Richtigkeit der Angabe Sousas über das Fortleben der Ortsbezeichnung ist um so unstreitiger als sie in Verbindung mit einer falschen Etymologie auftritt, die Einwirkung einer traditionellen Schreibung hier nicht gut anzunehmen. Anders verhält es sich mit *alhadet* = *alḥadîṯ* in einer catal. Urkunde D. Jaime's I: es ist die gelehrte Transscription eines maurischen Worts in einem für Mauren bestimmten Privileg. Aehnlich *alhapz* = *alḥabs* in einer anderen Urk. desselben. Valencianisch *haarraz ḥarrâṯ* steht unter spanischem Einfluss.

Andalusische Aussprache als *j* ist ausdrücklich belegt in den schon erwähnten *guahate* u. *jarifo*, bei *ajorre* f. *alhorre* unter Verwechslung des vollständigen mit dem assimilirten Artikel. Ferner in *jabeque* Schlag *ḥabeḳ*, *zajareño* vom gefleckten Schwein *ṣaḥrâ*, *jaique*, bei Marmol als arab. Wort *haique*, *ḥaik* o. *ḥâyk*, *malaji* in Malaga Schiffer *mallâḥ*.

Nicht erwähnt sind im Vorstehenden sp. *alimo atriplex halimus* L., nach Eguilaz (S. 546 zurückgezogen) vielleicht *ḥalema* Pflanzenname bei Freytag, das offenbar Nichts anderes ist als *ḥalma* lithospermum collosum Suppl. I 318; *arcada*, das Wurgen vor dem Brechen, das weder *ḥarḳada* (Akademie) noch *ḥarkât* (Eg.) ist, wie pg. *arcar* = *arquejar* zur Genüge zeigt; *ahilo ḥila*, ist vielmehr von *ahilarse* abstrahirt das, wie pg. *afilarse*, dünn, spitz werden bedeutet = *adelgazarse*: zur Uebertragung auf den leeren Magen vgl. auch *hila* Dünndarm. *Mohino* von *moho*, nicht *moâḥin*. Pg. *treu* wäre nach Eg. eine Art Tuch von *tarâḥa*; das Wort bezeichnet aber ein rundes oder viereckiges Sturmsegel, sp. *treo*, cat. *treu*: er meint *pano de treu*. Granad. *foel ḥofêla* mit Wahrung des *ḥ* und Schwund des *f* ist absolut unwahrscheinlich. *J* für *ḥ* kann natürlich nur in andalusischen Worten stehen. *Balija*, fr. *valise* mlat. *valisia*, nach Devic etwa *walîḥa* bei Golius = pers. *walîja*, ist durch die Verbreitung sowohl des span.-roman. als des arab. Worts ausgeschlossen; *j* ist hier entweder späteres *sj* wie in *cartujano*, pop. u. häufig altsp. *igreja* u. a., oder *x* = frz. *s*. *Jauria* Meute kann nicht eine Art Tanz *ḥaurîya* sein; *xau*, Hetzruf, zunächst für Stiere, ist in *xaurado* bedrängt weiter gebildet, und liegt hier wahrscheinlich mit Suffix *-eria* vor. *Jaian* ist frz. *géant*, nicht *ḥaiyân*. *Josa* ist Dialektwort, wahrscheinlich pg. *chousa* Gärtchen von *clausa*, nicht *ḥošš*: dass die Akademie es als „heredad sin cerca plantada de vid y árboles frutales“ definirt hält mich nicht ab diese Erklärung als ziemlich sicher zu betrachten. *Carcajada* berührt sich mit *ḳahḳah* o. *ḳahḳah* nur als Schallnachahmung; cfr. *cachinnus*. Ein Versehen ist es wenn Eguilaz S. XVII *almalaque* u. *almalaxe* als *q* und *x* für *ḥ* anführt: er erklärt S. 211 die bei Haedo, Topografía de Argel (1612) vorliegenden Formen als *almalḥafa* sp. *almalafa*: sie sind entweder Druckfehler oder andere, mir allerdings unerfindliche Worte.

ه

*hê* „is our h. It is distinctly aspirated at the end, as well as at the beginnig, of a syllable". „ist im Ganzen das deutsche h, nur wird es noch mehr in der Kehle gesprochen und der Mund wird weiter geöffnet" Spitta. „Por esta letra suso dicha (*ḥ*) está encl vocabulista la h, y aun por otra letra que se llama he" P. d. Alcalá. Er anerkennt also nur einen geringen Unterschied. Die Behandlung ist fast dieselbe wie bei ḥ; nur bietet das Port. in *jaez* gesicherten Schwund und zeigt sich in *hr* neben der Vocaleinschiebung auch Wegfall des h, portug. wie spanisch; so bei *cárabe, azar, almirez*, gegen *almofariz, zafareche*. Aehnlich sp. *tahalí* neben pg. *talí, rehen* und der naheliegenden Assimilation in *rejalgar*; nach Cons. *añaza, almenara, adarme, çulame, almodon*, gegen *azahar*. *C* für *h* steht gesichert nur einmal auslautend in:

*Xaque* p. pg. **jaque* sp. Schach! *šâh*, mit *jaquemate*, pg. *xamate* *šâhmât*. Selbstverständlich ist die span. Interjection *jaque* fort! das gleiche Wort und nicht *haihêh*. Der Auslaut bleibt in *bufo, buho bûh*, schwindet in *Abdallâh*, schon 878 (Astorga) *Ibenabdila*, vgl. *alarido, lelilí*, und *alá* bei Cervantes, ferner in *faḳîh alfaquí*. P. de Alcalá transscribirt *faquíh* und *alláh*, letzteres ebenso in Aljamía. Es ist hier massgebend was Spitta S. 61 über das Verstummen des *h* und Zurückziehen des Accents in mehreren Zusammensetzungen von *allâh* sagt, bes. auch in *'abdallâh*; die Erscheinung dürfte sich etwas weiter erstreckt haben als ib. S. 14 ausdrücklich angegeben ist, da durch die sp. Form *foque* Betonung der vorletzten in *faḳîh* belegt wird. Es ist denkbar dass zugleich unter dem Ton eine Verstärkung des Auslauts stattfand, in *xaque* zu Tag tritt.

Ausserdem soll *c* oder *g* vorliegen in:

**Escaque* sp. pg., Feld im Schachbrett, als von dem Königsnamen übertragen. Das Wort ist das bekannte mlat. *scaccum*, in Spanien schon 780 als *sciacatus* gewürfelt Esp. Sagr. 37, 308. (Canç. Baena I, 209. II, 116 bezeichnet es ein Musikinstrument.)

**Arrequife* sp. pg. nach Eguilaz (anders Dozy) *arrehîf*, begrifflich durchaus unpassend; s. u. *b*.

*Cutum* als pg. bei Eguil., unser *Kattun, haddûn,* ursprünglich arab., aber aus Ostindien importirt und neu.

**Tagarote* sp. (Lopez de Ayala) pg., *tagarot* catal. (falco africanus tabracensis Labernia), nach Dozy *tahortî* von Tahort, eine Aufstellung die sich nur auf die Aehnlichkeit der Worte stützt: darf nicht von der Falkenart *tagre* bei Lopez de Ayala getrennt werden, die sicher nicht *ṭogar*, „nomen avis" bei Freytag ist. Lautlich genau entspricht *ṯagrî* Grenzer, das auch als *tagarino* vorliegt, eine Bezeichnung die der des *baharî* verwandt wäre, als der Falke welcher Strichvogel, nicht Wandervogel ist, an der Grenze nistet, nicht über dem Meer.

Nur *f* zeigen:

**Zafareche* arag., *safaretg* cat. Teich, *chafariz* pg. Wasserkunst, mit derselben Methatese schon 916 in Leon, Esp. sagr. 34, 440 *per xafarices antiquos*, arag. *zafariche* Krugständer, weil dieser das aus den porösen Krügen abfliessende Wasser auffängt, *ṣahrîǵ*. Siete Part. V, 5, 31 steht *xarafiz, xarahiz, xahariz* von der Kelter; die Bedeutung erhellt beim Vergleich der Ueberschrift mit dem Text. *Xaraiz, jaraiz, jaeriz* sollen in gleicher Verwendung noch fortleben. Teich zu Kelter ist eine ganz correcte Begriffsgestaltung; vgl. *lacus* u. sp. *lagar*; auch *estanque* wird von der Kufe gebraucht. *ch* und *x* für *j* sind Auslautserscheinung.

**Aljofar* sp. pg., *aljofre* pg. *alǵauhar*, nicht, wie Eg. will, von der der erweiterten Form *ǵauhara*.

**Trufa* sp. (Celestina), catal. (daher *truhan* fr. *truand*?), pg. alt *em trufão*, nach Eg. *turraha* fabula des Florentiner Voc. oder *torrah* mendacium, nicht überzeugend genug um Trennung von pg. *trufa* Trüffel, *trufa trunfa* Schopf, Haube, Turban zu bestimmen.

F und h bieten:

*Alfadía, alhadía* in granad. Urkunden, pg. *adía, odía* = *alhadîya*.

*Alfinde* (Alf. X Libr. Astr.) *alhynde* (Canç. Baena) **alinde* indischer Stahl, Stahlspiegel, heute Spiegelfolie, *alhind*. In anderer Bed. im Canç. de Baena *alhynde* Myrrhe, ferner in **tamarindo tamr hindî*.

**Alfolí*, unübl. *alforí, alhorí, alholí* (J. R. 530) = *alhorî*. Das arab. Wort kommt sicher nicht von lat. *horreum*.

*Bufo* pg., **buho* sp. *bûh, bûha* Eulenart. Es ist nicht richtig dass das sp. Wort auch den Sakerfalken bezeichne.

*Refem, arrefem* pg., **rehen arrehen* sp., ist nicht sowohl *rehn* als das von P. de Alcalá gegebene *rahán*; vergl. *rihân* und *rahîna* bei Bothor.

H oder Schwund ist überliefert bei:

*Abhal, abhel,* gelehrte Transscription von *abhal*[un].

*Adarme,* sp. pg. *addirhem.*

**Albihar,* **albiar, abiar* = *albahâr.* Engelmann gab von den beiden in den span. Wörterb. angeführten Bed. Hundscamille und Narcisse nur die erste; Eguilaz polemisirt daraufhin gegen Dozy, hat aber in Wirklichkeit die Berichtigung aus Suppl. I, 121 entlehnt. Das Plagiat ist durch Erweiterungen und Kürzungen bemäntelt, wird aber durch die Wiederholung des falschen *narcissus tagetta* statt *narcissus tacetta* schlagend erwiesen. Ueber den heutigen Sprachgebrauch weiss der granad. Gelehrte natürlich Nichts mitzuteilen.

**Alfaquí, faquí* sp. pg., *foque* sp., *alfaḳîh.*

*Almenara* arag. Abflusskanal *almenhar*.

**Almirez* sp., *almofariz* pg. asp., *almafariz* pg. *almihrês* o. *almihrêz.*

**Almodon almodhôn.*

*Añazea, añaza* = *annazâha,* bezw. *annazha.*

*Anxahar* Cal. e Dimna *alǵahîra* bei Freytag. Ich führe die Erklärung an, obwohl weniger das *x,* welches in dieser Quelle *ǵ* entsprechen könnte, als der (dem pg. so geläufige) Einschub des *n* auf anlautendes *ś* weist.

*Arrun* (andalusisch?) von *arhún,* Plur. zu *rahán* (*rehen*) bei P. de Alcalá, nicht von *rahn.*

**Azahar azhâr,* oder von der bei Hélot daraus gebildeten Pluralform *azâhîr.*

**Azar* sp. pg. etc. = *azzahr* o. *azzahâr.*

*Bahar* pg., ist ein ostindisches Gewicht, ob, wie Eg. will, arab. *buhâr* lasse ich dahingestellt.

*Bezahar,* **bezaar,* **bezar* sp., *bezoar* sp. pg. *besuhar* Enr. de Villena = *bâzâhr* (Eguilaz schreibt *bezahâr*), Contraction von *bâdizâhr*; bzw. von der nordafrik. Weiterbildung *bezôâr* bei Marcel,

*Calahorra* sp. provinc. (wo?) vergittertes Brothaus; alt (Victor) Befestigung, bei Lop. de Ayala als Befestigungsteil von Córdova identisch mit dem in dieser Verwendung dunkelen *coracha,* auch *alcalahorra,* = *ḳalahorra.* Als Name der bekannten Stadt vielleicht aus *Calagurris* umgedeutet, aber gewiss nicht überhaupt dem Bask.-Iberischen entlehnt. *G* wäre nicht arab. *h,* eher noch *ḥ.*

*Carabé* sp. (Juan Manuel) pg., *kahrabê.*

*Gili* andal. nach Eg. *ǵâhil* törigt.

*Jahes* Canç. Baena, **jaez* sp. pg. *ǵahêz.*

**Rejalgar* sp., frz. *réalgar, rehǵalgâr.*

**Tahalí, taheli* sp., *talí, talim* pg. = *tahlîl.*

*Tarazar*, *atarazar*, pg. *traçar* berührt sich mit *haras*, *briser*, *broyer* in II. Form bei P. de Alcalá *machucar*, *quebrantar*, speziell mit *tahrîsa* (*taharíça*) ib. *machacadura*, das, als **taraza* übernommen, durch *tarazon* verdrängt werden, und das Verbum erzeugen konnte. Ich führe die Erklärung auf als der Bezugname der Akademie auf *taracea*, ital. *tarsia*, von *raṣaʿ-tarṣîʿ* voranstehend: beide sind besser als die bei Eguilaz gegebenen *daras* und *taraš*. Wahrscheinlicher wäre der von Diez E. W. *taraire* vermutete Zusammenhang mit *terere-tarmes*, zu dem auch afrz. *tarier* gehört, wenn nicht pg. die Entwicklung *tarazar* **traçar* *tarçar* Schwierigkeiten machte. An sich kann pg. *tarça* sp. *taraza* Kleidermotte eben so wohl vom Verbum kommen als umgekehrt. Es mag noch aus Dozy Suppl. I 144 berberisch *terzêsu*, *tarzast guêpe* erwähnt sein: Schlupfwespe und Motte sind in ihrer Tätigkeit verwandt, der Vocaleinschub und Angleichung des Accents auf das span. Suffix unbedenklich.

**Zahorí* sp., *sahorí*, *saurí* catal. Erdseher, *zahara* (lies *záhora*?) von Eg. aus Andal. belegt Hexe, = *zoharî*.

*Çulame*, *çurame*, *çorame* sp. (Cortes II, 80, 97, 118; Canç. Baena), *zorame*, *cerome*, *çurame* pg. b. Sta. Rosa, maurischer Mantel *sulhâm*, *salhôm*: s. Gloss. u. Suppl. I, 679.

**Alarido* sp. (P. C. 606) pg., soll nach Eguilaz von *harîd*, *fissus, laceratus* kommen, mit der erstaunlich kühnen Ellipse von *ṣiaḥ* Schrei; nach Dozy von der Wurzel *garida* schreien. Beides ist gleich unmöglich. Die ursprüngliche, jetzt natürlich verwischte Bedeutung ist die des Schlachtrufs, und wie dieser bei den Arabern im Kampf mit den Ungläubigen lautet wissen wir ja: es ist das bekannte *le ilâh illa allâh.* Cervantes giebt ihn mit *lelilí* wieder (anderwärts *lililé lililí*, *lililié*; *hilha hilhahaila* hörte die Akademie, *lelí* die Cron. gen.); ebensowohl konnte er als *lalalí* gehört werden; *lilaila* Albernheit steht in der Mitte, ist als Benennung des leichten Stoffes Nichts anderes, allerdings unter Einwirkung von *filelí*, ebenso das in den Wbb. fehlende famil. **lila* von einem albernen Menschen. Ursprünglich ist das *a* mindestens eben so stark als *e* und *i*; später mögen diese durch das Imala vorgewogen haben. Bildete das Spanische aus *lalalí* ein collectives Substantiv so war das Schallsuffix *ido* von vorne herein gegeben; das erste *l* fiel durch die Vorsetzung des Artikels *el*; das zweite der bestehenden wurde nach vorwiegender Gepflogenheit in *r* differenzirt; das vorliegende Wort ist das durchaus regelmässige Ergebnis. Auch als *alalí* oder *halalí* konnte der Kampfschrei von vorne herein aufgefasst werden; es ist nicht unmöglich dass der bekannte Hetzruf der Treibjagd zu Pferd von den arabischen Reiterscharen übernommen wurde, wie auch Devic vermutet.

**Behen* sp. pg., frz. *béhen*, bei Dozy mit der unmöglichen Definition als „nom de plurieures espèces de plantes de différents genres" ist die Behennuss, und die Wurzelrinde des Behenbaums, von verschiedenen, in Arabien, Ostindien, auf Guadalupe etc. heimischen Arten Moringa, früher officinell, *behmen* bei Ibn Albeitar. *Ben* sp. ital. frz., arab. *bân* von der Behennuss (s. bei Devic) ist dasselbe Wort, verschieden von *bân* = *saule d'Orient*. Benennung und Culturpflanze scheinen erst aus dem Osten nach Arabien und Aegypten gekommen zu sein; die Form *behmen* ist vielleicht nicht ganz richtig. Spanien hat das Apothekerwort anscheinend aus Frankreich.

*Halda*, andal. *harda* grosser Sack war früher *falda*, wie jedes Wörterbuch angiebt; *ʿidal* Sack passt also gar nicht, ebenso wenig als *farda* Bündel. Nur gleichbed. *halda* kann in Frage kommen, findet sich aber nur bei P. de Alcalá, ist mithin nicht notwendig arabisch. Eine Umdeutung aus dem germanisch - romanischen *falda*, *halda* ist immerhin denkbar.

*Harija*, *hariza* Mehlstaub besser zu *far* - *farina* als zu *harîsa*.

*Jaharrar* zu welchem er die (andal.?) Formen *sajarrar* und *sahelar* erbringt will Eg. von *sahala* leiten, da, wie er richtig bemerkt, das lautende *h* sich nicht aus Müllers Etymon *ǵaiyâr* erklärt. Aber auch abgesehen davon, dass die Wörterbücher eine überzeugende Annäherung der Bed. des arab. Worts an die des sp. nicht bieten sind *j* und *s* nicht die Gestalt in welcher arab. *s* im Span. auftritt. Nicht ganz unmöglich ist Zusammenhang mit *chafar*, *zafar*.

Ganz unstatthaft ist die Zusammenstellung von *adarba* Goldmine (Oudin, Vict.) mit *addahab* bei Eguilaz. Es liegt hier eine weitere Uebertragung von *darb* enger Weg vor, in Andalusien *adarve* = *ad-darb* Mauergang, die dem Namen der Gallerie im Belagerungswesen und Bergbau genau entspricht.

## ف

***Fâ*** „is our f". Das arabische *f* hat den stärksten Anlass zu der partiellen Herstellung des Lauts im Spanischen gegeben; es ist, so weit es selbst inficirt war, fast überall wieder eingesetzt worden. Die Zahl der Worte in welchen die Schwächung in *h* zum schriftlichen Ausdruck kam, ist gering, herrschend wurde sie nur in etwa vier Fällen. Ueber die andalusische Aussprache, die vielleicht gerade hier besonderes Interesse hat, finde ich keine genügenden Indicien. Allerdings nimmt Eg. bei alt *jota*, Ragout, Art Suppe Herkunft von *fotta* an, doch ohne dies Wort als andalusisch bezeichnen zu können.

*H* tritt auf in:

**Alcahaz* (fehlt pg.) = *alḳafaṣ*; schon L. de Ayala L. de la Caza.

*Alfaqueque* sp. (z. B. Fuero de Salam. 258) pg., *alhaqueque* span. = *alfakkâk*.

*Alfóstigo*, *alfócigo*, **alfóncigo*, **alhócigo*, *alózigo* sp., pg. *fistico* = *alfostaḳ*. Das span. Wort kann nur aus dem Arab. erklärt werden, welches mit πιστάκιον-*pistacium* dem Pers. entnommen ist. Cfr. Hehn, Kulturpflanzen[5] S. 337.

**Alhóndiga*, *alfóndega*, *alfóndeca*, *alfóndiga*, *fondaca*, pg. *alfándega*, ital. *fóndaco* etc. *alfondoḳ*. *Alfundicus* steht in Spanien schon 1101, die Form *fonda* afr. *fonde* erscheint nach den Belegen bei Ducange und Godefroy als die palästinisch-französische.

*Almárfega*, *almáfega* pg., **marga*, *márfaga*, *márfega*, *márraga*, *almárrega*, *márrega*, *marregon* span. = *almarfaḳa*. Die *tres marafes guarnecidos de oro* können nicht dasselbe Wort sein, eher etwa = *almalafa*.

*Almiharra* nach Eg. in Granada eine Art Harke mit welcher die Töpfer das Blei rühren, von *almiḥfar*, demselben Wort das auch *almocafre* geworden sein soll. Es fragt sich eben ob dies granad. *h* wie *j* lautet, und ob diese Aussprache auch bei den anderen arab. *f* eintritt; die Bedeutungen stehen ziemlich weit auseinander.

*Atafarre*, **ataharre*, *ataharra*, pg. *atafal*, arag. angeblich *atarrea* Schwanzriemen *attafar*. Die Form *ataharre* schon Siete Part. II, 28, 3 (nach einer Hs. aus der 2. Hälfte des XIV. Jh. herausgegeben).

*Atahorma* Lop. de Ayala Libro de la Caza 1., pg. *altaforma* = *attaforma*, das allerdings nur im Florent. Voc. u. bei P. de Alcalá belegt, darum aber doch als Stammwort zu betrachten ist.

*Atarfe*, *tarahe*, **taray*, *taharal* f. *tarahal aṭṭarfâ*. Die abweichende Behandlung von *almarfaḳa* - *marga* ist durch den Accent veranlasst.

**Zanahoria* (J. R. 1246, 1308) **azanoria*, *acenoria*, *cenoria*, *azahanoria*, nur valenc. catal. mit *f* *safanoria* *safranoria*. Das Wort mag hier aufgeführt sein obwohl sich auch arab. in den beiden nächststehenden Formen *safonâriya* und *sannâriya* ein eigentümliches Schwanken zeigt.

*Cafiz, cahiz,* im Pg. alt neben *cacifo* die beiden castilianischen Formen. Mit pg. *cahiz,* das sehr wohl dem Cast. entnommen sein könnte, berührt sich in auffälliger Weise das Auftreten der Form in einer Madrider Copie des Liber Jacobi I, 17. Findet sie sich im Original s. XII, dem die Abschrift direkt entnommen ist? Das Etymon *ḳafîz* ist ein unter allen Umständen gesichertes.

**Cifra-cero* von *ṣifr*. Die von Libri angenommene Zusammengehörigkeit der beiden Worte ist kaum zu bezweifeln; *zero* von Italien ausgegangen, wo es am Ende des 15. Jh. zuerst vorkommt. Es ist eine gelehrte Corruptel, nicht lautliche Umgestaltung von *zephirum*. Vgl. Woepcke im Journ. asiat. 1863, I, 522.

**Fanega, hanega* sp., *fánega, fanga* pg. von *fanîḳa* bzw. *fanḳa*. Bemerkenswert ist die von Eguilaz angemerkte Rückübernahme des Worts durch die granad. Araber im XV. Jh. als *hanîga*.

**Fulano* sp. pg., *hulano* sp. *fulân*.

*Hafiz, haiz, afice* von *ḥâfiẓ* o. *ḥafîẓ*.

**Zaquizamí* (s. über die Bed. das Wörterb. von Terreros) = *saḳfi samâ,* mit etwas gewaltsamer Erleichterung der unhaltbaren Consonantenverbindung, vielleicht jedoch mit ursprünglich lautendem *u*.

*Lilaila* andal., *lilaina* catal. von einem Wollzeug wäre nach Dozy *fîlâlî* = *fileli,* also mit Vorsetzung des Artikels nach Schwund des *f*. Es dürfte eine von dem maurischen Ausruf übenommene Bezeichnung sein für einen vorzugsweise von Moriscos getragenen Stoff: *del cual sehacen mantos para mugeres pobres*. Vgl. S. 32.

Es versteht sich dass in einem rein portugisischen Wort der Ausfall des *f* nicht vorkommen kann; *soeira* in d. B. Kamille (fehlt in den mir zugänglichen Wörterbüchern) darf daher nicht mit *ṣofeira* verglichen werden, das überdies eine andere Pflanze bezeichnet. Nur *f bieten*: sp. mlat. *azeipha, azepha, zepha,* = *aṣṣâifa*; pg. *aceifa, ceifa* Ernte, Mahd, Gemetzel, letztere Uebertragung zunächst von *ceifar,* mähen genommen = *asseifa*. — *adefina, adafina* = *addafîna*. — *adefera addefira*. — **adelfa addiflâ*. — *adiafa* sp., *diafa* pg. *aḍḍiâfa*. — *adufa* pg. *adduffa*. — **adufe* sp. pg., auch *adufle* = *adduf*. — *afion* = *ofiûn* Opium, sehr früh aus dem Griech. entnommen. — *alafa* = *ʿulûfa,* sehr unwahrscheinlich. — *alarife alarîf*. — *alcáfar alkafel*. — **alcanfor, canfor* sp. *alcánfor* pg., *cánfora* sp. pg. *alkâfûr*. — **alcarchofa* sp., *alcachofra pg., carcioffo* ital. *alhoršûf*; in *artichaut, articiocco* liegt eine Verunstaltung des gleichen Wortes vor, mit allerdings merkwürdigem und nicht romanischem Ersatz von k durch t. — **alcatifa* sp. pg. *alkatîfa*. — *alcofa* sp. pg. *alkoffa*; hierher auch span. **cofin*. — **alefriz* = *alfirâd?* s u. *d*. — *alfada* mlat. *alfadâ*. — *alfaguara* Quellenname in Loja *alfawâra*. — **alfahar*, *alfar* mit *alfahrero* von *alfahâr*. — **alfaide* provinciell *alfaid*. — *alfaisanes* Art Gemüse nach Castro, von *alfaisâra faba* (?). — **alfaneque alfanek* entweder als der Falke mit dem der Wüstenfuchs gejagt wird, oder wegen der ähnlichen Farbe; ebendaher die urkundlichen *alfanique*, *alfanigue*, *alfanegue*, *alfancke* Decke, ursprünglich aus dem Fell des Thieres. Das Zelt *alfaneque* ist dunkler Herkunft; *afarâk* passt lautlich nicht, *hanekâ* begrifflich: die Stelle in Cron. Alf. XI cap. 253 ist von Eguilaz unrichtig interpretirt. Zu den von Gayangos angeführten Stellen kommt noch Poem. Alf. XI, 1094. — **alfaque* sp. pg. Sandbank, Riff von *alfakk* ist unwahrscheinlich, von *alfalak* und *alkoffa* unmöglich. — **alfaqué alfakîh*. — *alfáraz alfaras*; pg. *cavalleiro alfaráz*, sp. *alfaraces* von der leichten maurischen Reiterei ist ebenfalls das Pferd, *alfâris* wird mit regelrechtem Imala **alférez*. — *alfarda farda alfarda*. — *alfarda* im Zimmerhandwerk = *alfarda*. — *alfarda* nach Eg. *adorno mugeril* = *alfard denarius* ist nicht gut; ich kenne das Wort aus Lucas Fernandez S. 32, in einem Zusammenhang — *alfardas orilladas* — der den Gedanken an einen Schmuck aus Münzen ausschliesst, und Canç. Baena I, 78 wo er wenig wahrscheinlich ist. Die Acad. erklärt, im Gedanken an franz. *fard*, als eine Art Schminke, was eben so wenig passt. Besser entspricht die Erklärung von *alfardilla* = *esterilla* Tresse. — *alfarge alfagia alfarś*. — *alfarja alfarġiya*. — **alfazaque* = *abûfassâs*?? — *alfetna* mlat., *alfetna*. — *alfaxor* = *alfaśûr*; *alaxur* gehört vielleicht hieher und nicht zu *alajú*. — **alfeiza*, *alfeizar* sp. (die zweite Form in einer Reihe von Wbb., aber trotzdem vielleicht nur missverständlich für das Verb.) Abschrägung am Fenster- oder Thüreinschnitt, pg. *alfeizar* hölzerner Beschlag oder Handgriff einer Zimmersäge, pg. *alfeça* Werkzeug um das Auge im Hammer etc. zu bohren. *Alfesha spatium* ist nicht zu verwerten, ebensowenig als *alfedâ spatium vacuitas*; der leere Raum ist ein viel zu abstrakter Begriff. Ebensowenig genügt aber *alhâit fenestra* dem spanischen Wort, auch wenn man dieses von dem pg. abtrennt. Für das pg. *alfeizar* verweist Dozy nicht ohne berechtigten Zweifel auf einen berber. Plur. *ifassên*, bei Eg. fehlt das Wort, *alfeça* bei beiden. — *alfeliche alfêliġ*. — **alfiñique* **alfeñique* sp., pg. *alfenim* und *alfenicado alfênîd*. — *alferraz* arag. Falkenart = *alferrâs*? — *alferza* = *ferza*. — **alficoz* n. *alpicoz* = *alfokkôs*. — **alfil*, **arfil*, pg. *alfim alfil*. — *alfil*, *alfid* („*especie de aguero tomado de estas ó las otras palabras casuales*“ Terreros) *alfâl*. — *alfitete* sp., *fatia fatita* pg., *alfatêt, alfetîte.* — *alfitra* (*alfita* bei Ducange ist fehlerhaft) *alfiṭra.* — **alforfon alforfôr.* — *algafacan* Canç. Baena *alhafaḳân.* — *algafite algâfît.* — *algalifa, califa* etc. *ḫalîfa.* — *algorfa, algofra algorfa.* — *alifa* malag., *ḫalifa.* — *alifafe alliḥâf.* — *alifafe annefaḥa?* — *aljafana* n. *algebna*, murcian. *aljebena alǵefna*, diminut. **aljofaina alǵofaina.* — *algerife,* **aljarfe alǵarrâfa.* — *aljofifa alǵaffâfa.* — *almafio annâfi'.* — *almalafa almalḥafa.* — *almofar almagfar.* — *almofia almoḥfîa.* — *almostalafe almostaḥlaf.* — *almoharrefa, almorrefa almoḥrif.* — *almojarife almośrif.* — **anafe annâfî.* — *anafaya* sp. pg. **añafea* sp. *annafâya.* — *añafil annafîr.* — **arrecife arraṣîf.* — *arrizafa, ruzafa arroṣâfa.* — *asfa* (Guadix) *'afṣa.* — *atafea?* s. b. *ḥ.* — *atafera* pg. *aḍḍafîra* (cfr. u. *ḍ*). — *ataifor aṭṭaifôr.* — *azafate assafaṭ.* — *azafeha aṣṣafîḥa* — *azafran azza'farân.* — *azanefa aṣṣanîfa.* — *azaquifa assakîfa.* — **azofaifa* beruht auf einer fehlenden arabischen Form für *zizyphum*, das als *azzofaizaf* und *zu'zûfa* belegt ist. — **azófar aṣṣofar.* — *bafetá* pg. *baftah* ist jung. — *cáfila ḳâfila.* — *cafre kâfir.* — *chifla* sp. *chifra* pg., davon **chafarote* sp. *chifarote* pg. *śafra.* — *cifaque sifâḳ.* — *daifa ḍaifa.* — *fadan* granad. *faddân.* — *fidia, fadia* pg. = *fiḍḍîa, faḍḍa* Silbermünze, wohl nur als ausgesprochenes Fremdwort. — *falaque falaḳa.* — pg. *falifa, ganinfa ḫanîfa.* — *falca falḳa:* vergl. u. *h.* — *faluca* (*felûka* auch auf dem Euphrat; s. Sachau, Reise 176) von *folk* wird von Devic und Eguilaz gegen Dozy vertreten; vgl. auch Suppl. II, 281. Es scheint allerdings dass *folk* dem Vulgärarab. nicht fehlt, aber als eine romanische Umbildung dieses Worts ist *feluca* nicht zu betrachten. Die *haloques* der Siete Partidas sind keineswegs mit Sicherheit als dasselbe Fahrzeug zu bezeichnen; das Wort erinnert an Holk und 'ὁλκὰς und die Schiffsart ist weiterhin nicht vor dem 16. Jh. nachzuweisen. Sehr beachtenswert ist dagegen die heute allein übliche sp. pg. Form **falua*: sie muss aus dem Stammwort, kann nicht aus *faluca* erklärt werden, und ich glaube daher auch das von Dozy vorgeschlagene *ḥarrâḳa* ablehnen zu müssen. — **faquir faḳîr*, modern. — *fardo* sp. pg. etc. steht dem von Devic vorgeschlagenen arab. *farda* ohne Zweifel sehr nahe, und nur der Genuswechsel macht Schwierigkeit. Pg. *farda* halte ich für das gleiche Wort: die Montur des Soldaten als Kleiderbündel aufgefasst ist durchaus nicht bedenklich. Von frz. *hardes* (doch wohl zu *hart*, afr. *hardel*) ist ganz abzusehen. — *farrachador* von *farǵ.* — *farruka* granad. *farûḳa* (*farruco* vom Gallego scheint vielmehr das Diminut. des Eigennamens Francisco als *fârûḳ*). — *fatel,* nicht gallizisch, kaum *faḍle*; s. u. *ḍ.* — *fatexa fattêśa* Suppl. II, 239. — *alfattel* Schnürriemen kann *fatîla* sein; *fatila* Apolonio 443 (de que fagamos fatilas los que somos feridos) = Charpie würde paroxyton eine Sylbe zu viel ergeben, und der einzig erlaubten Correctur durch Einsetzen einer anderen Form des Zeitworts widerstrebt der Sinn. Die kaum abzuweisende Betonung *fátila* fordert *fatla*, Fädchen bei Bocthor. — *fazquia* Alex. 105, 1819 *faskîya* Suppl. II, 271 — **filelí filâlî* — *fin fenn* — *fodolí fodôlî* — **foluz folûs* — *fomahant fom alhût*, gelehrte Entstellung — *fostul foṡtûl* — *fota fûṭa* — **frez*, **freza ferṯ* — *friso* s. u. z. — *fusique* Tabaksgefäss, apfelförmig mit Hals, wird von Eg. mit *fausîk* bei Freytag zusammengestellt, capsa pulvere et globo impleta tormentis sclopetisque aptata, nach dieser Definition anscheinend Cartouche, nach der historischen Wahrscheinlichkeit Bombe, urspr. arabisch? — **fustan*, *fustal* sp., *hustan* Gomez Manrique II, 331, *fustão* pg., *futaine* frz. Die von Defrémery gegebene Erklärung aus *fuṡṭân*, *fuṡṭâl*, *fusṭân*, türk. *fistân* als von der Stadt *Fusṭâṭ* hat Dozy nicht aufgenommen, weil er nach Suppl. II 269 für das arab. Wort spanische Provenienz annimmt, jedenfalls in Erinnerung an den Wollenstoff *fusta*. Ich versuche keine Entscheidung — **gafetí* sp. cat., *algafite* sp. *algâfit* — **garrafa garrâfa* — *gifa*, **jifa ǵîfa* — **girafa*, alt *azorafa ǵorâfa* — **jerife ṡerîf* — *jofor ǵofôr* — *jorfe*, *jofre ǵorf* — *jucefia yûsofîa* — *lefe* gran. *leffe* — **marfil aẓmalfîl* — *mequetrefe* sp. pg. *mogaṭref??* — *moçafo* pg. *moṡḥaf* — *mofti* (jung) *moftî* — *monfi monfî* — *nafa nafḥa* — **rafe raffun*: eine gute Etymologie, auch **rafa* scheint hierher zu gehören — *regaifa* sp., *regueifa* pg. *ragîfa* — **sarrafa* granad. *ṣarrâfa* — *serafin* sp., *xerafim* pg. *ṡerifî*, ziemlich jung — **sofá* (modern) *ṣoffa* — **sofi* (modern) *ṣefewî*, beeinflusst von *ṣûfî* — **tafilete tâfilet* — **tarifa taʿrîfa* — *tifon ṭufân*, nach Eg., vielmehr das chines. *teifun* — *trafi* einmal in einem granad. Docum., nach Eg. *tafrîk* W. *frk*, mit allerdings nicht nachweisbar entsprechender Bedeutung, der aber im Suppl. die der Subtraktion sich nähert. Ist seine Vermutung richtig, so darf *tráffico* etc. ebendahin gestellt werden. — **zafa* andal. *ṣaḥfa* — **zafarí safarî* — *zafio* sp., *safio* pg.: Dozy nennt *ǵâfî*, Eg. *ṣafî* bruto (im Suppl. fein, köstlich!) oder *safî* törigt; warum nicht *safîh*, unverschämt bei Bocthor, vellaco und als Schimpfwort can perro bei P. de Alcalá, gerade in Spanien heimisch? — *zafre* stellt Dozy zu W. *ṣfr*, wie *azofar*, Eguilaz auch *zafra*, wohl mit Recht, obgleich in den entsprechenden arabischen Formen nicht, wie letzterer es hinstellt, Fetha belegt ist sondern nur Damma. — *zofra sofra*.

*fn* wird *bn* oder durch Vocaleinschub erleichtert: *alǵafna* ergiebt castil. neben *aljáfana* (vgl. *aljofaina*, *ajufaina*) *algebna* und *aljebena*, portug. *chávena* und *chávana*; vgl. *orebce aurificem* und oben *zaquizami*. Conqu. Ultram. I, 6 ist *azoraba* f. *azorafa* geschrieben, wohl nur als Fehler zu betrachten; Eguilaz hat Unrecht wenn er *bagasa* von *fâḥiṡa*, pg. *aba* von *ḥâfa* leiten will. Was das *axarab* ist, welches er S. XIX als weiteren Beleg für *f* zu *b* beibringt, habe ich nicht ermitteln können. Auch pg. *alabão* von *arraf* ist nicht zu halten. Pg. *alfobre* von *alḥofre* durch Dissimilation, da *fr* zu *br* sonst nur in dem viel älteren *ábrego* vorliegt.

Vereinzelt uud durch irgend welche Analogiewirkung veranlasst steht *p* füs *f* in **alpicoz* n. **alficoz*. *Atiple* f. *atifle* bei Eg. S. 307 ist ein Druckfehler. Span. pg. *capacho*, sp. *capazo*, welche Diez zu *cappa* stellt, sind von Defrémery Rev. crit. 1868, 408, welchem Devic folgt, mit pg. *cabaz* und frz. *cabas* identificirt, und auf arab. *ḳafâṣ* span. *alcahaz* zurückgeführt worden. Der Unterschied zwischen Käfig und Korb ist indessen ein ziemlich merklicher, und die Akademie wählt das wenigstens von Seite des Begriffs nicht so anstössige *ḳaf'a* Körbchen, während Eguilaz, im Glauben Diez zu folgen, sich für das erstaunliche *cara* entscheidet. Nur *cappa* verdient Beachtung, zunächst für *capacho*; die Stellung von *cabaz* ist ganz unsicher.

Merkwürdig sind sp. *gurbion* pg. *gorrião* Euphorbienharz (marokkanischer Handelsartikel). Gleichbed. steht Alf. XI Lib. Mont. *forvion*, während pg. *alforfião* die Pflanze bezeichnet, beide aus arab. forbiyôn. Es ist schwer *gurbion* von diesem zu trennen, die einzig zulässige Erklärung wäre freilich die aus gelehrter Verlesung von *Ga* für *Fa*, und es fragt sich ob die Verbreitung des Worts eine solche Annahme zulässt. *Almaluque* kann nicht mit *almalafe* - *almalḥafa* identisch sein, trotz ähnlicher Bedeutung; auch als Suffixverwechslung ist das undenkbar.

P. de Alcalá zeigt in den Lehnworten als die Regel arab. *f* für verschobenes sp. h und für f: hilazo *filach*, hollin *fullîn*, hoce *fauchél*, faxa *faya* ($j = \acute{g}$), fiesta *féxta*, fuerça *força*, lanterna *fanár*; *h* in Hernando *Herrando*; Schwund in Hebrero-*Ibráir*, um so auffälliger als der Diphthong auf ältere Ueberlieferung hinweist, ebenso wie Anlaut und Diphthong in Enero *Yennár*; vgl. Otubre *Ogtubar*. Im Poema de José ist das f durchaus gewahrt. Nachträglich soll noch bemerkt sein, dass sp. *h* für lat. *f* wohl etwas älter als bei dem S. 9 angeführten *humalga* sich in *malhetría*, einmal Cortes von Burgos (1317; Cortes I, 294) in der Charte aus Oña zeigt; die von Burgos und Sahagun bieten auch hier *f*. Auch das Becerro, welches sonst *f* hält, nur einmal *alas huelgas*, daneben *hecha* f. *echa*, *han* f. *an* etc. schreibt, hat an einer Reihe von Stellen *behetria*[1]).

1) Das Rechtswort ist wohl von **benfeytero* (*bienhechero*, wohltätig, kommt vor), nicht von *benfeytor*, gezogen.

Die arabischen Eigennamen der Leon. Urkunden gehören einem Gebiete an, das im Ganzen der portug. Lautentwicklung näher steht als der castilischen. Ueber die heutige Aussprache des f liegt dort nur ein sehr spärliches Material vor; es lässt sich nicht bestimmen wie tief im Westen des alten Königreichs die Erhaltung, im Osten — bes. der Nordosten steht in Frage — die Schwächung reicht; doch überwiegt nach den Ortsnamen die erstere. Es hindert das nicht, wenn hier die Wahrscheinlichkeit ursprünglicher Adoption eines h-Lautes aus dem Arabischen zu Tage tritt, die gleiche auch für Castilien anzunehmen.

Um eine zweideutige Erscheinung voranzustellen findet sich neben Avolfeta = *Abû-al-fadâ* (Leon 917) ein Abuleta (Leon 919). Falls das, wie zu vermuthen, der gleiche Name ist, muss ein Fehler vorliegen[1]). In dieser Gegend zu dieser Zeit kann eine Erscheinung des 16. Jh. nicht zugelassen werden; *Walîd* o. *Ḫâlid* mit vorgesetztem *Al-* o. *Abû-* stehen nahe. *Ḫâlid*, das einzige *ḫ*, liegt als Halite (Leon 954), Alfalit, Haleth, Halita (ib. 916) vor; im selben Document Aleth, entweder mit Abuleta eine nicht identificirte Form, oder, immerhin befremdlich, mit Abfall; bei Sampirus 14 dagegen (um 990) Abohalit. Vgl. auch Borg Abenhaldon, Torre Abenhaldon = Ḫaldûn bei Espinosa, Historia de Sevilla II, 4. 16. u. Mem. hist. esp. I, 14. *Ḥ* ist fast durchgehend *h*: *Ḥabîb* Havivi, Havivit, Haviviz (Astorga 1027), Havive (ib. 1033, 1058); *Ḥasan* Hazen (Leon 967), Hazan (Ast. 1033); *Jaḥjâ* erscheint als Jhaia (Ast. 937), Aboiahia (Sampirus 22), im Monachus Silenis Abohahia, wobei an y = h in yelmo (S. 9) erinnert sein mag; *ʿAbd-ar-raḥmân* ist Abderahana (Ast. 878, 937), Abderrachmam Sampirus 26; *Maḥmûd* ist Mahamut (Leon 916), Mahamudi (ib. 916 u. 919), Mahmud (ib. 985); vgl. Mahomat als Ortsname bei Burgos 1075, die Historia de Mahmeth seudophrophete im Cod. Vigilanus des Escorial (976). Nicht geschrieben ist der Laut in Abbolacen (Ast. 922) Abolazzene (Leon 962) = *Abûal-ḥasan*, zu welchen auch das schlecht copirte Abnazan (Leon 981) gehört; vgl. S. 28 über Alhafa Das schwächere *h* liegt nur in *Hâšim* vor, Abolhaxa Leon 962 und Alascemi[2]); vgl. S. 29 über jacz.

Ausserhalb Leons liegen von den angeführten Belegen nur zweie, aus dem Silensis und der Urkunde von Burgos. Das Chronicon Albeldense, ohne Frage in Ovieto verfasst, überliefert in dem an der Navar-

1) F urkundlich ausserdem in *Muṭarrif* Mutarrafe (Ast. 878) Mutarrafiz (Leon 917) villa de Motarraf (ib. 962) Almutarraph Sampirus 17; *Ṭarîf* Taref (Ast. 878). Ebenso stets in Chroniken und Ortsnamen.

2) Der urkundliche Beleg fehlt mir; steht bei Isid. Pacensis.

resischen Grenze 976 abgeschlossenen Codex Vigilanus, zeigt genau die gleiche Behandlung der Laute. Es bietet *ḫ* in Abuhalit 62. 63. 66. 70. 75. 80, Abohalit 73, Habuhalit 70, und in Abulhatar = *Abûal-ḫattâr* 79: *ḥ* in Abderhamam 61, Abderahaman 79, Abderrahaman 80. 82, Abderrahamam 82; Mahamut 58, Mahomat 37. 62. 63. 66. 67. 73. 80. 82. 83, Hodera = *Hodair*, Hodiffa = *Hoẓaifa*, Alhacam = *Al-ḥakam* 79. 80, Haccam 82. *H* fällt in Eiscam 80, Escim, Iscem 82 = *Hiśâm*, scheint erhalten 82 in Fehir = *Fihr*, das indessen gelehrt ist.

Gegen jeden Rückschluss auf die Aussprache liesse sich hier geltend machen, dass in dem christlichen Spanien eine gewisse Kenntnis der fremden Sprache, noch mehr der fremden Buchstaben bei den Schriftkundigen vorhanden sein mochte. Das Chron. Alb. reproducirt in dem Stammbaum Mahomets und der Ommajaden, wohl auch in der Aufzählung der Emire und Sultane von Córdova, eine arabische Tradition. Es wäre die ganze Erscheinung auf die Schreibschule zurückzuführen, und ohne Bedeutung für die Frage ob früher oder später die Verschiebung des f stattgefunden hat. Dem gegenüber ist zu bemerken, dass die Namen am Ort der Niederschrift gesprochen wurden, die Vielheit der Ueberliefernden auch einer traditionellen Transscription gegenüber stärkere Schwankungen erzeugen musste. Die Seite nach welcher diese hinfallen mussten ist gegeben. War die Verschiebung des lat. f schon eingetreten so würden wir, wie im 12. u. 13. Jh. Mafomat ungefähr gleich häufig mit Mahomat finden, und auch h für f vorkommen. Ebenso müsste, wenn die Sprache, wie im Portug., den nächstliegenden Laut der lat. Zunge für *ḫ* und *ḥ* eingesetzt hatte, f sich öfter finden als in dem einzigen Alfalit, und dem S. 22 angeführten *alfoz*.

In den beiden südspanischen Chroniken des 8. Jh., Isidorus Pacensis und dem Fortsetzer des Biclarensis allerdings kann es, bei der hier unzweifelhaften vollständigen Kenntnis des Arabischen, aus dieser entfliessen, wenn die getrübte handschr. Ueberlieferung auch hier h als Vertreter von *ḥ* und *h* erkennen lässt, f fehlt. Unbeachtet darf aber nicht bleiben, dass in Abulcatar, Isid. Pac. 67. 68. 75, c für *ḫ* steht.

---

## II. Die Gutturalen.

### غ

*Gain* wird heute allgemein wesentlich anders gesprochen als das span. g. Die Angaben über classische und vulgäre Aussprache vom Nedsch bis Afrika stimmen hier völlig überein. Wallin schreibt vor (S. 51) ein hartes, tiefer nach der Kehle hin articulirtes g (das aber nur als Einsatz diene) mit angehängtem langem a auszusprechen, dabei den Schlund zwischen Kehle und Gaumensegel nicht mehr aufzuthun als zum Durchlassen der Luft unumgänglich nötig sei; das im Gaumensegel schnarrende a liege dem tiefen schnarrenden r (im Franz., Engl., auch Norddeutschen vorkommend) sehr nahe, so dass die neuere Transcription mit ṛ nicht unberechtigt sei. Wright vergleicht „the γ of the modern Greeks, the Northumbrian r and the French r grasseyé"; „rougher than the Northumbrian r, and still more so than the French r grasseyé or the North-German g in sage" Faris Ash-Shidyâq 3. ed.; „correspond à notre r grasseyé" Bellemare; „ein schnarrender gutturaler Laut der mit ebenso schlaff herabhängendem Kehlkopfe articulirt wird wie *ḥ*. Man setze ein gutturales k an und dränge dies dann tiefer in die Kehle zurück, wodurch die Schwingungen der Uvula nicht so stark und tönend werden: Der Mund wird nur ein wenig dabei geöffnet und die Zunge bleibt schlaff ausgestreckt liegen" Spitta-Bey. Bei dem Versuch *barraca* und alt *barga* aus dem Berberischen zu leiten nimmt Dozy an, dass jene Aussprache zur Darstellung von arab. *g* durch *rg* veranlasst habe. Es ist das weder in dem besonderen Fall richtig, noch durch irgend ein weiteres Indicium bestätigt. Der häufige arabische Laut wird im Span. Pg. schlechthin durch g wiedergegeben, das auch vor e und i beharrt, nur etwa in Verbindung mit *f* und *d* einer Assimilation unterliegt. Die angeblichen Fälle mit ch, h, r, l, v bei Eguilaz S. XVII sind irrig. Eine Zusammenstellung der zahlreichen regelrechten Worte wäre Raumverschwendung.

In unserem Jh. allerdings hörten die franz. Soldaten in Algier razzia-*gâzîa*, Joinville aber im 13. gazel-*gazâl* [1]). Da das span. anlautende r der heutigen arab. Aussprache noch etwas näher steht als das franz., so liegt hier ein Anzeigen vor, dass diese sich verschoben hat. Ohne dem Orientalisten vorgreifen zu wollen, glaubte ich von der Hinzufügung eines diakritischen Zeichens zu dem *g* absehen zu können, da innerhalb des angewandten Transscriptionssystems eine Verwechslung ohnehin nicht möglich ist. Identisch waren darum die Laute nicht: der arab. Ersatz für sp. g ist *ḳ* o. *k* in legua *lîcua* bei P. de Alcalá, regelmässig in den Ortsnamen; in Gades-*Kades*-Cadix, Igabrum-Cabra vom Span. rückübernommen.

*gd* zu *ld* liegt vor in **baldaquin, baldaquí, baldogue* etc., bei Berceo *balanquin*, das indessen ein gemeinmittelalterliches, nicht ein specifisch

1) Ebenso steht g ital. und franz. in gelehrten Worten, die aber nicht in Rechnung gezogen werden dürfen, und in zagaie, das erst im 14. Jh. aus Spanien kam.

spanisches Wort, auch, wie Devic mit Recht bemerkt, nicht *bagdâdî*, sondern von *Baldac* (*Balac* Cron Alf. X. 214), der europäischen Gestalt des arab. Stadtnamens, abgeleitet ist.

Ebendahin meint Eguilaz sp. **baldes* alt *baldres*, pg. *baldreu*, Leimleder, Handschuhleder stellen zu dürfen, als von arab. *bagdêz bagdêd* im Florentiner Voc., = Bagdad. Es müsste dann wohl die Adjektivform *baldezí* stehen, und überdies sind die Formen mit *r* die offenbar älteren. Die Worte gehören zu frz. *baudrier* etc. Derselbe will auch *borceguí* auf *bagdâdi* zurückführen. Ich halte allerdings die von Dozy versuchte Erklärung des Worts nicht für annehmbar; er setzt eine unregelmässige Bildung voraus, mit Uebergang von *m* in *b* und *š* in *z*. Der Weg von *Baldac* zu *borceguí* ist indessen noch etwas schwieriger. Es ist eben nicht richtig, wenn man aus der Bemerkung des Covarrubias „*Deste calçado usan los ginetes y particularmente los moros, y los de Marruecos han tenido fama; y assi dize el Romanze viejo:*

*Hele hele por do viene El moro por la calçada*
*Borzeguies Marroquies Espuela de oro calçada*"

den Schluss zieht, dass das Wort bei den Mauren und besonders in Marokko üblich gewesen sei. Covarrubias selbst hat eben nur eine keineswegs zwingende Folgerung aus der Romanze gezogen, die nicht einmal die älteste Bedeutung überliefert. Diese ist bei franz. *broissequin* (s. Godefroy) die eines buntfarbigen Tuchs, im 14. Jh. die vorherrschende, wenn auch nur etwa 60 Jahre früher belegt als die des buntfarbigen Leders, von dem es dann auf den Stiefel angewendet ward. Nur der Bedeutung halber glaube ich die beste unter den gegebenen Erklärungen, die von Diez s. v. *borzacchino* aus ndl. *broos*, abweisen zu müssen.

*gf* ergiebt *f*, wie *hf*, in *almofar almofre* sp., *almafre* pg., = *almagfar*.

Eine Angleichung an die Ortsnamen mit *guadal* — zeigt **guadamacil* sp., *guadamecim* pg., = *gadâmesî* von der Stadt Gadâmes. Auf den Schiffsnamen *guarapus* dagegen, der sich nur einmal bei Capmany findet, hat carabus bessere Ansprüche als *gorâb*.

Ausserdem kommt nur noch Uebertritt als *c* in Frage. Er ist intervocalisch in drei sehr zweifelhaften Fällen angenommen worden. Ich glaube, dass er vollständig in Abrede gestellt werden darf.

**Bocací*, pg. *bocacím*, frz. *boucassin*, ital. *boccaccino* stellt Eg. zu gleichbed. *bogâzî* in dem hs. Wörterbuch der Padre Bern. Gonzalez und *bâgaziya* grober Seidenstoff bei Freytag und Kazimirski. Nach den Angaben Muratoris (s. Ducange s. v. Boccasinus) die das Gepräge der Exactheit tragen, bezog man in Rom den Leinenstoff aus dem Orient, im Gegensatz zu dem gleichartigen belgischen Cambray. Das Gepräge des Worts deutet ebenfalls auf einen arabischen Ortsnamen, der uns aber durch *bogâzî* und *bûgaziya*, beide nur in später Vulgärzeit belegt und das erstere vielleicht dem Spanischen entlehnt, keineswegs deutlicher wird. Im span. Mittelalter kenne ich die Bezeichnung nicht, in Frankreich findet sie sich (s. Ducange l. c.) schon im 13. Jh. Wir können also keinenfalls von span. *g* zu *k* sprechen.

**Mequetrefe* sp. pg. wäre nach der Akademie *mogatref petulante*. Das Wort sieht wie ein Compositum aus, ist auch ein solches und zwar ein portugiesisches, *meco* + *trefo*.

*Raquifa*, nach Eg. Nebenform zu *regueifa* — *ragîfa* ist, wenn richtig gelesen, nur eine ungenaue Schreibung.

*Raseta* pg., altfr. *rasquette* wird von Devic unter *raquette* mit *rusg*, Handgelenk bei Razi, in Beziehung gebracht, durch welche er *rachette* beeinflusst glaubt. Ausführlich behandelt Hyrtl S. 8. 198 ff. 201. 205 das anatomische Kunstwort; eine Reihe von Belegen bei Ducange-Henschel. Nach diesen scheint es, dass racha *râḥa* bei Constantinus Africanus die erste Verlesung von *rusg* beeinflusst hat; die Verwechslung ist eine fortdauernde, lag in Frankreich (*pâques* — *pasques* etc.) besonders nahe. Racetta, raseta u. s. w. sind gelehrte Fehlformen, rasga statt *rusfa* von der Kniescheibe ist ein Irrtum, nicht, wie Hyrtl glaubt, spanische Aussprache: ungerechent dass diese hier überhaupt nicht in Betracht kommt. Dass der Name des Ballschlägels hierher gehört, kann bei der Uebereinstimmung der Form und dem von Littré nachgewiesenen sachlichen Zusammenhang nicht wohl bezweifelt werden. Die etwas pretiöse Benennung der Neuerfindung entspricht ihrer Zeit.

Abfall oder Ausfall des *g* wird von Dozy and Eguilaz mehrfach angenommen. Er tritt in romanisch-germanischer Zeit uur in bestimmter Position, in der arabischen überhaupt nicht mehr ein, wie schon das allgemeine Beharren des Lauts vor *e* und *i* erwarten lässt. Dozy leitet von *girbâl* neben **garbillo* auch noch *arel* und pg. *alvarral*; bei Eguilaz fehlt das letztere, wird aber dafür aus derselben Quelle noch ein *herpil* (?) gezogen. *Garbillo* zieht man vielleicht besser aus dem Arab. als von cribellum, da es nicht, wie *cribillo*, ein kleines Sieb, sondern ein Sieb von bestimmtem Geflecht bezeichnet; der Rest ist Phantasie. Von *algalâla*, das sp. **algara* Häutchen ergiebt, soll auch **alara* kommen. Es fragt sich, ob die Betonung *alara* der Wörterbücher richtig ist oder *álara*. In letzterem Fall würde es sich zu gleichbed. **fárfara* andal. *jájara* stellen, mit Schwund von *l* nach *f* wie in Alonso, im anderen ausschliesslich das in Donationen häufig auftretende *alara* von einem kirchlichen Gewandstück in Betracht kommen, also *huevo en alara* etwa Ei im Unterkleid. **Moheda, moeda* geschlossener Hochwald, von *geiḍa* mit unrichtigem Praefix *mo-*, fehlt bei Eguilaz, welcher dafür *mahona* lieber von türk. *mağûna*, als von dessen Quelle *maʿôn* gewinnt. *Alhazara* für *algazara* findet Eguilaz einmal in einer Hs. des Fernando de Pulgar; ist die Lesung richtig, so spielt *alhanzara* herein. Ebenso dürfte *alharero* für *algarero*, das Victor unter *alharaquiento* anführt, durch *alarido* hervorgerufen sein. D für *g* vermutete Dozy in *adur* an einer von Sta Rosa citirten Stelle der Vida de D. Juan I por Fernão Lopes, als von einer Form der Wurzel *gdr*; Eguilaz stellt dafür *aḍḍur* ein, das besser passen würde. Fordert der Zusammenhang in der That ein Substantif i. d. B. Verrat, so würde ich an eine der Hss. appelliren; *adur* in dem mitgeteilten Satz kann nicht gut etwas anderes sein als das asp. apg. Adverb. *Derrama* Auflage, *derramar* besteuern ist sicher nicht *garâma*; die Identität mit dem bekannten Zeitwort nicht ganz ausser Zweifel, aber höchst wahrscheinlich. Ausserdem kennt Eguilaz noch eine Darstellung durch *ch* in germ. *chulamo golâm*, das indessen nur eine Erweiterung von *chulo* ist, sowie durch *r* in *raza, racia, ricia*, von welchen ihm das erstere expeditio bellica zu bedeuten scheint, die beiden anderen in den Alpujarras für *destruccion, estrago* gebraucht werden sollen. Die Wörterbücher wissen davon Nichts, und ich glaube es ihm nicht, sehe hier nur eine unklare Spiegelung des aus Algier entlehnten französischen *razzia*, welches gleichlautend auch ins Portug. aufgenommen ist. Dieses allerding ist *gâzîa*, mit der zu Eingang des Abschnitts vermerkten modernen Aussprache. Portugiesisch ergab es, gemäss der allein giltigen Regel, *gazia* und *gazira*. S. Devic. s. v. *razzia*.

## ق

*ḳâf* „is a strongly articulated guttural *k*; but throughout Northern Africa it is pronounced as a hard *g*“ Wright. „uti *kh* pronunciatur — ab incolis regni marocani in lingua vulgari semper ut *g* profertur“ Dombay. „ist ein tief in der Kehle gesprochenes *g* das aus dem ursprünglichen tiefen *k* sich erweicht hat und so schon in frühen Zeiten gebräuchlich gewesen ist“ Spitta Bey. Für Algier giebt Bresnier tonloses „*g* comme notre *g* dur“ an, während Bellemare als die Regel ein gutturales, stark accentuirtes *q* aufstellt, „un *g* dur“ nur für bestimmte Teile, insbes. Oran und das Innere gelten lässt. Nach Wallin (S. 57) articulieren die meisten jetzigen Araber der Halbinsel selbst sowohl, als die Fellahs in Aegypten, Syrien und Irak unveränderlich ein tiefes emphatisches *g*, eine Aussprache, die von einigen Grammatikern als ursprünglich angesehen werde. Er selbst stellt die als tiefes *k* voran; seine ausführliche Darstellung lässt nicht ersehen wo sie tatsächlich noch beobachtet wird. Die von Spitta und Wallin für einen Teil Aegyptens und andere Gebiete, bes. Syrien, beobachtete, von den Reisenden oft erwähnte Reduction in ein scharfes Hamza, ist in Spanien nicht bemerklich, wie sie denn im Maghreb fehlt, überhaupt erst unter türkisch-tartarischem Einfluss entstanden scheint. Wiedergabe durch *c* in jeder Stellung umfasst mehr als fünf Sechstel des Vorkommens; ich führe nur die *g* einzeln auf. Dass diese jünger seien als die *c* lässt sich nicht sagen; Worte wie *zaga* gehen in das 13. Jh. und weiter zurück, *algoton* steht zweimal i. J. 950 Esp. sagr. 34, 455. So vereinzelt das letztere Beispiel ist, zeigt es doch mit ziemlicher Sicherheit, dass schon in den ersten Jahrhunderten der Laut ungefähr die heutige maghrebitische Aussprache aufwies, die, wie sie Spitta schildert, bei den Romanen eine doppelte Auffassung zuliess, welche sich denn auch mehrfach dem gleichen Wort gegenüber findet.

**Alhóndiga, fúndago, alfóndiga* Conq. Ultram., *alfóndeca* Col. fuer. municip. 417, pg. *alfándega*, ital. *fóndaco*, afr. *fondique* (einmal *fondigue*) *alfondoḳ*.

*Albogue* sp. pg. *albôḳ* (= bucca).

*Azogue* Markt, *azoche* Fuero de Madr., pg. *açougue*, alt *açouque assôḳ*.

**Azogue* Quecksilber, alt auch Transportschiff für Quecksilber, pg. *azougue, azzâoḳ*. Bei den Alchimisten, wie Dozy bemerkt, *azoch azoth*. Es fragt sich, ob unser Azot, frz. *azote* Stickstoff nicht erst aus diesem Wort auf ζώω umgedeutet ist.

**Algodon, alcoton, algoton*, pg. *algodão*, ital. *cotone*, frz. *coton*, deutsch Kattun *alkoṭon*.

**Alcabala* sp., *alcavala* pg., und **gabela* sp., *gabella* pg. kommen allerdings beide von *alḳabâla*. Die zweite Form ist indessen der älteren Sprache fremd und aus dem Italienischen o. Französischen entnommen.

*Algrinal* f. *alquinal* = *alḳînâ*. Es ist anzumerken, dass die Epenthese des *r* in dieser Stellung nur durch gleichfalls zweideutige Belege zu stützen ist, wahrscheinlich nur auf falscher Auflösung des übergeschriebenen i beruht.

*Atarragar* sp. *aturracar* pg. = *ṭaraḳa*, o. besser durch *atarraga* (Canç. Baena) von *aṭṭarrâḳa*.

**Acelga* sp. pg. *asselḳa* beta sicula.

*Alhelga, helga* = *alḥelḳa*.

**Albóndiga* sp., *almóndega* pg. *albondoḳa*.

*Anáfaga, añafaga* n. *anáfaca* sp., *annafaḳa.*

*Anáfega* pg. *annabiḳa.*

*Arigue* nach Eguilaz von *ʿaraḳe.* Das span. Wort ist mir nicht bekannt, so dass ich den Wert der Etymologie nicht zu beurteilen vermag.

*Azadaga* n. *azadeca, azidaque aṣṣadaḳa.*

*Almárrega, almárfaga* etc. *almirfaḳa.*

*Jaguarzo, xaguarço, jaguarza šaḳuâṣ* Dozy Suppl. I, 776.

**Fanega hanega fanîḳa.*

*Gálibo,* davon sp. *galibar* pg. *galivar,* frz. *gabarit,* ital. *garbo,* nach Littré (fehlt bei Devic) von *ḳalib,* wie *calibre.* (Woher *galibar, Conductor de una gabarra,* im Diccion. maritimo?)

**Garduña,* vielleicht *ḳarḳadûn.*

*Margomar* alt = *recamar,* urkundl. auch das Subst. *margom, morgom* = *markôm.*

**Oruga vrúqa uurúqá* bei P. d. A, ist das arab., von Dozy Supl. II 119 als Pluralform von *ʿirḳ* erklärte Wort, nicht lat. *eruca.*

*Tagra* pg., mlat. in Leon *tagara* Esp. sagr. 36, LXI, a. 1083, auch in Frankreich, s. Ducange s. v., = *tâḳra.*

**Talega* sp., *taleiga* pg. *taʿalîḳa.*

**Zaga* sp. pg., selten *azaga, reazaga* = *sâḳa.* Es ist ganz ungerechtfertigt, wenn Eguilaz für *á la zaga zaʿaka* = *cola* hereinzieht.

**Zaragatona,* **zargatona bazrḳaṭônâ* bzw. *zarḳaṭônâ.*

Auch der Doppellaut ergiebt die Media in:

*Añagal,* meist **añacal, añaquel* = *annaḳḳâl.*

**Añagaza,* **ñagaza,* sp., *anagaça, negaça* pg. *annaḳḳâza.*

*Cegatero* von *saḳḳât. Cicatero,* dem Eguilaz das gleiche Etymon giebt, glaube ich in der Gaunersprache von *cica* abgeleitet.

Unter den *bagage* entsprechenden orientalischen Formen (seit dem 12. Jh.) findet sich sowohl *g* als *ḳ.* In Europa ist das Wort allerdings erst erheblich später belegt; trotzdem wohl mit Bestimmtheit als Abkömmling von *baga* in Anspruch zu nehmen, anscheinend von Italien ausgegangen. *Gaban* stellt Littré zu *ʿabâ,* wogegen jedenfalls die Form spricht, in der das Wort sich 1388 zuerst einfindet, *cabanus* b. Ducange, frz. *caban*: Eguilaz (wie schon früher geschehen ist) zu *ḳabâ,* dessen Verbreitung mir fraglich scheint. An sich ist orientalische Herkunft wohl möglich, *cappa* ganz unsicher. *Gavilla* i. d. B. Volkshaufe bezeichnet Diez mit Recht als übertragen von *gavilla,* Reisbündel, womit *ḳabila* wegfällt; *capulus* allerdings ist äusserst fraglich. *ḳalabbaḳ galápago* betrachtet Simonet als dem Span. entnommen, nicht ohne Grund, wenn auch seine Vermutung keltischer Herkunft in der Luft hängt. *Galapo* sp. pg., nach der Akad *ḳâlab* Form, Model, ist begrifflich unzureichend und accentwidrig.

Abfall im Auslaut liegt vor in **fonda*, das aber nicht spanisch ist. Das Wort schliesst sich in seinen Verwendungen so vollkommen an *alfondoḳ*, dass von lat. *funda* abgesehen werden muss. Die Form ist palaestinisch-französisch, nach Lautbehandlung und ältestem Auftreten. Schon dass das Wort begrifflich anders entwickelt ist als *alhóndiga* zeigt, dass es in anderem Zusammenhang aufgenommen war. Nach Eguilaz hierher auch *trafi*, einmal bei Granada belegt, = *tafrîḳ*, nicht ganz abzuweisen, obwohl eine entsprechende Bedeutung für das arab. Wort erst construirt werden muss, und *zabra*, *azabra*, *azzauraḳ*, für welches indessen weiterhin *azzaurâ* vorgeschlagen ist; vgl. cat. *zaura* prov. *azaura* Assimilation tritt ein bei *addaḳsa* zu **adúza*, **daza*[1]), auch *dasca*, catal. *adacza*, *adaxa*; ʿ*orôḳ sûs* zu sp. **orozuz*; das pg. *alcaçuz*, sp. **alcazuz* ist der Singular ʿ*irksûs* mit Umdeutung auf den Artikel. Eine complicirte Reflexverschiebung zeigt *adutaque addukâḳ*, auch *aducaque* — Eguilaz S. XVII sieht in dem *t* das erste der beiden Dal! **Tazmía* Zehntenanteil am Korn ist Dozy geneigt als *taḳsîma* zu betrachten; das Etymon ist construirt, die Metathese wenig wahrscheinlich. (Ueber die Erklärung als *tasmîa* s. b. s.). Sehr wenig wahrscheinlich ist **atabe* von *attaḳbe*.

Da *ḳ* sonst nirgend *gu* ergiebt passt zu *tegual* so wenig *ṭeḳal* als *tekâlîf*. Als Beleg für den Uebergang von *ḳ* zu *ch* führt Eg. S. XVII pg. *cheramella* (l. *cheramela*) an, von *ḳalambaḳ* „oder besser" vom malaischen *karambal*. Es würde sich also von vorneherein um eine malaische, nicht um eine hispano-arabische Lauterscheinung handeln. Sie existirt indessen auch als solche nicht; der *carambolier* ist eine Oxalisart, der *chérumelier* eine Euphorbiacee, der Irrtum rührt daher, dass man, wie ich aus dem Dictionn. des Sciences Nat. sehe, über die Zuteilung von *averrhoa acida* nicht im Reinen war. *Arráfache* und

1) Bei der vollständigen Unbrauchbarkeit der Wörterbücher mag angemerkt sein, dass sich im Spanischen neben *adaza* als Namen des Durra noch finden *alcandía*, *zahina*, *saina* und *arduran* variedad de la saina de Berbería. Das letztere, in welchem eben der Durranamen steckt, wird nur von Eguilaz unter Beigabe einer absurden Etymologie verzeichnet. *Zahina* ist ursprünglich der Durrabrei, dann auf die Pflanze übertragen. Dass *alcandía* nicht zu candidus gehört, sieht jeder Romanist; eher wäre es erlaubt gewesen, *candi* vom Geschmack des Stengels zu vermuten, zu welchem auch *trigo candial* als Zuckerweizen gehören könnte. Es ist indessen einfach arab. *ḳaṭnîya*; vgl. *candado* f. *cadnado*. Eine 4. arab. Benennung, *ḳaṣab*, fehlt.

*arráfacha* = *arrafuḳa* ist mlat. Schreibung *ch* = *k*, ähnlich auch *alchatin* = *alḳaṭan* in einem medicinischen Traktat zu betrachten. Pg. *azurracha*, *zurracha* hält Eguilaz für *azzauraḳ*, Dozy Gloss. u. Spl. I 598 besser für *azzallâǵ*, wobei er freilich den Uebergang von *ll* zu *rr* für sicherer hält als er ist; es darf auch noch an *zabra*, *zaura* mit Suffix gedacht werden. Ob der Borax sp. *borraj* ital. *borrace* seinen Endbuchstaben von arab. *bûraḳ* o. pers *burah* hat, lasse ich dahin gestellt; im Spanischen könnte man ja die moderne, oben für Spanien in Abrede gestellte Aussprache des *ḳ* als Hauchlaut erkennen, aber das Wort dürfte hier erst ziemlich spät aus dem italienischen Verkehr entnommen sein, da Fabrikation und Handel Venedig angehörten. *Çaradion* und *zaradique* in Argote de Molina's Ausgabe des Libro dela Monteria glaubte Dozy in *caradion* corrigiren und als *ḳardâyôn* betrachten zu dürfen; Gutierrez de la Vega liest *zaradion* und *zaradic* II b 31 und 33. Sind die beiden Worte identisch, so ist die Conjectur falsch, wenn nicht, immerhin unwahrscheinlich. Ganz unerlaubt ist es mit Eguilaz schlechthin *zaradic* = *ḳardâyôn* zu setzen. Dass *alambor* aus *alcabor* umgestaltet sei, ist absurd, und nicht, wie Eguilaz meint, von Dozy angenommen. Als Gewölbe könnte es sehr wohl mit valenc. *alambor*, Art Orange, identisch sein: cfr. media naranja. Bei *axuagas* von *aššaḳâḳ* (Dozy) weist Eg. nach, dass die Bedeutung nicht passt und übersieht, dass derselbe Einwand gegen sein *aššuḳâḳ* gilt. *Axuaycas* im Canç. Baena ist offenbar das gleiche Wort. **Zahon*, *zafon* (*Guadazahon* L. Mont. II, 221, Zufluss des Iucar, ebenso Juan Manuel, L. de la Caza 75 für Guardaçahon) ist arabisch, aber gewiss nicht *siḳân*. *Arrocova* und *arrotova*, bei Sta Rosa gleichwertig in einer Urkunde 1111 und deren jüngeren Confirmation, behandelt Eguilaz als correcte Doppelform von *roḳabâ* Plur. zu *raḳîb*, während Dozy neben diesem Etymon das gleichwertige *arrotab*, Plur zu *râtib* anführt und mit allem Recht eine der beiden pg. Formen für corrupt hält, ohne sich zu entscheiden. Die zweite ist die richtige. Defrémerys Vermutung, dass für *axobda* im P. C. *axorda* zu lesen sei, wird dadurch hinfällig, dass die Hs., wie Vollmöller richtig angiebt, 658, 60, 94 *arobdas*, 1261 *arobdando* bietet. *Arobda* aus *arrótoba* ist zuzulassen, obwohl die Metathese bei dem Mangel eines gleichen Substrats nicht weiter zu belegen ist; nur das wiederholte *r* für *rr* fällt auf.

ک

***kāf*** „equivalent to the English *k*", Wright, „équivaut à notre *k*" Bellemare, „ist ein in der Mitte oder dem hinteren Theile des Gaumens gesprochenes *k*" Spitta-Bey. Doch liegt es nach Wallin im Allgemeinen der Uvula näher als das europäische (?) *ḳ*; Spitta und Wallin heben den hauchenden Nachschlag hervor. Die jener des lat. *c* im Franz. analoge Entwicklung zu *kj* im Persisch-Türkischen, *kš*, *ks*, *tš*, *ts* bei einem Theil der Beduinen ist relativ jung, Nordafrika fremd. Für sein Zusammenfallen mit *ḳ* in Spanien — s. Dozy S. 15 — sprechen die wenigen Belege aus Dombay S. 10 nicht besonders deutlich; es scheint sich in Marokko auf einzelne Fälle zu beschränken, geht vielleicht nicht weiter als in Aegypten, wo es nach Spitta-Bey S. 13 individuell beschränkt ist. Es wird trotz des Zeugnisses von Makkari und obwohl P. de Alcalá fortwährend permutirt wenigstens für die ältere Zeit Verschiedenheit der Aussprache anzunehmen sein, da *k* zu g über die Proportion des Gesammtvorkommens hinaus seltener ist als bei *ḳ*, auch in Aljamia nur *k* für c verwendet wird. Vgl. auch Wallin, Zts. d. d. mg. G. XII, 663: „Nirgends habe ich . . . die Angabe von Lepsius . . . bestätigt gefunden, dass der Buchstabe kâf von dem grössten Theile der arabisch redenden Völker vielmehr wie ga als wie das scharfe ka ausgesprochen werde.“ Doch bleibt zu beachten, dass die Ortsnamen sowohl *k* als *ḳ* für g aufweisen.

*Gumía* sp., *gomia agomia* pg., *kumîya* bei Eguilaz nach Marcel. Das Wort erscheint zuerst als ein marokkanisches im 16. Jh., wird von den Reisenden mit *g* und *k* gehört und ist schwerlich vor dieser Zeit aufgenommen worden. Das arab. Wort hat mit *gubia* Nichts zu thun. Dozys Herleitung von *komm* Aermel ist allem Anschen nach richtig. Er verweist in seinem Handex. auf Zts. 22, 118: syr. *ridnîya* heisst die Pistole, weil sie, an der linken Seite getragen, von dem Hemdärmel bedeckt wird.

*Cambux*, *gambuj* entspricht (bei P. de Alcala) *kambuš* = velo, toca de mujer. Simonet betrachtet dies als arabisirtes caputium, womit Dozy Suppl. II, 491 übereinstimmt. Ein Suffix — *ux* kennt das Span. nicht; für **gambo* der Wörterbücher ist jedenfalls *gambó* zu lesen. Das Wort lässt sich nur aus dem Arab. erklären, obwohl in diesem die urspr. lat. Provenienz durchaus wahrscheinlich ist.

**Almáciga*, *almástiga* (L. Mont. II passim), *almástica* (Alf. XI L. M. II passim), arag. *almazaque* = *almaṣṭakâ*.

**Almártaga* (L. M. II, 22), pg. *almártega* = *almartak* f. *almortak*.

**Jábega*, pg. *chávega* und alt *enxávega* n. span. *jabeca* = *šabeka*.

**Barragan*, pg. *barregana* fr. *bouracan* etc. deutsch Barchent=*barrakân*.

**Tagarnina* sp. = *takarnîna*.

*Miguez* als Wiedergabe von arab. *mikuâs* Alf. Libr. Astr. II, 22 cfr. Suppl. II, 498.

*Adargama* von *darmak* o. *darmaka*.

*Guittarra* und pg. *algozaria*, die Eguilaz S. XVIII auf k zurückführt, hatte er selbst, jenes zu dem bekannten griechisch-europ. Wort gestellt, dieses zu marokkanischem *algozârî* (= kâf mit drei Punkten) für *ǵazzârîn*, worüber unter *ǵ* zu sprechen ist. **Azagador* erachte ich nicht von *assekka* abgeleitet sondern von *zaga*, der enge Weg, auf welchem das Vieh hinter einander, *á la zaga* gehen muss. Portug. *gabar* ist franz. *gaber*, nicht *kabara*, *sega* Sech aus *segar* gezogen, nicht *sekka*.

Abfall im Auslaut nimmt die Akademie an bei **zaraza* = *zahri-sak* Hundegift; wäre dann nicht *zarazá* zu erwarten? Jedenfalls müsste zugleich das Homonym, pg. *sarassa*, *sarasa* gedeutet werden, das natürlich nicht mit *sarge* o. *saracinum* zu tun hat.

Von den als Beispiele eines Uebertritts als *ch* von Dozy angeführten Fällen ist pg. *charabé* f. *carabé kahrabê* von vorne herein als unbelegt zu streichen, wenn es sich wirklich irgendwo finden sollte ein Lesefehler. Schwieriger erklärt sich sp. pg. **chirivia* neben gleichbed. sp. **alcaravea* pg. *alquirivia*. Dass das Wort spät von den Beduinen mit der oben geschilderten Aussprache entnommen wäre ist sachlich unmöglich, und für die Annahme gelehrter Vermittlung fehlt die Grundlage. Arabisch findet sich neben *alkarawîya* (careum) bei P. de Alcalá *ǵiriwîya*, von Dozy als sp. Lehnform betrachtet. Es ist indessen zu bemerken, dass nur ein Theil der Wörterbücher die beiden Formen als identisch betrachtet; es wird neuerdings meist derselbe Unterschied gemacht wie zwischen chervis = siser sisarum L. und carvi = carum carvi L, so z. B. von Salvá und Moraes. Ich denke dass das richtig ist und wir zweierlei Worte vor uns haben, die nah verwandte, aber in der Praxis wohl unterschiedene Pflanzen bezeichnen. In *alchimelech* bei Eg. (ohne Quellenangabe, fehlt in den pg. Wbb.) = *iklîl al melik* Melilote ist *ch* = *q*, die Form wohl durch *alchemilla* od. *alquemilla* (arab.?) beeinflusst. *Veraha* in der Danza de la muerte von *berka* ist eine Conjectur die nicht einmal den Sinn berücksichtigt. „Bendicion" passt hier ebensowenig als zu Covarrubias Erklärung von Baraha. **Taba* (*altaba* J. R. 898) = *ka'ba* bei Dozy wird von Eguilaz durch das wahrscheinlich richtige *ṭâba* ersetzt; vgl. auch die Form *ṭabba* Dozy, Suppl. II 19, cfr. ib. 65. **Zafería*, gal. *zafeira* von *kafar* o. *kofaira* ist eine überflüssige Kühnheit, erklärt sich recht gut aus *zafio*, gebildet wie *judería*. Ebenso ist die Zusammenstellung des angebl. portug. *candiz* mit pers. *kandûk* o. *kandur* lautlich unerlaubt, auch im Auslaut. Eguilaz hat hier das Unglück gehabt das „pers. *candis*, *ceirão de folha de palmeira que leva 20 alqueires*", welches Moraes als Etymon von *candil* giebt, für ein portug. Wort zu halten.

# ج

*Ǵîm* „corresponds to our soft g in gem. In Egypt and som parts of Arabia (gemeint ist Nedschd, Jemen), however, it is hard like ... our g in get.“ Wright. „ut dsch pronunciari solet; sunt aliqui Mauri, praecipue incolae moroccani, qui eam ut sch (gemeint ist ž, französ. j) efferunt“ Dombay. Causin de Perceval: „les Barbaresques prononcent, dans certains mots, le *ǵ* comme gu; alors ils l'écrivent souvent avect trois points“. Bei Bellemare wird von dieser Aussprache Nichts gesagt; ich muss dahin gestellt sein lassen ob sie Algier angehört. Nach Spitta entspricht es in Aegypten „dem deutschen trocknen g“ das correct durch Anlegen der Zunge an den vorderen bis mittleren Theil des Gaumens hervorgebracht werde, fehlerhaft auch härter am hinteren Theil des Gaumens: gequetscht nur künstlich bei den Gebildeten. Die ägyptische Aussprache wird aus einleuchtenden Gründen als die ältere, ursprünglich semitische betrachtet; s. Wallin l. c. XII, 607, Spitta S. 5, Wahrmund S. 27. In Spanien hat sie vereinzelte Spuren hinterlassen, ist einigemal nach Cons. gesichert, kann aber nur einem Bruchtheil der Eroberer geläufig gewesen sein und verschob sich früh auch bei diesen. Das letztere erhellt aus Tagus — *Taǵa* — Tajo, in Portug. mit Imala Tejo; ebenso im Namen des Nebenflusses Tagoneus, heute Tajuna; kaum in Turgalium - Trujillo [1]). Wäre allgemein der Wandel erst im Lande selbst eingetreten, so hätte sich im Romanischen der Laut in einer grösseren Anzahl von Fällen gehalten und würde sich nicht schon im 10. Jh. die ganz unzweideutige, wenn auch unvollkommene Wiedergabe durch *x* (in Leon) constatiren lassen. Als Vertreter des vulgärlateinischen palatalen g erscheint es in Astigi — *Estiǵa* — Ecija, Carthago — *Kartaǵena* — Cartagena (in Egitania = Idaña bei Coria, Regina = Villa de Rayna bei Sevilla, Egelesta = Yniesta war jenes schon gefallen); tritt aber auch für gequeschtes c ein in Pax — *Baǵa* — Beja, vgl. Dezienbre *Dujanbir* bei P. de Alcalá, parcella *barǵîla* Dozy Suppl. I 65: wobei wenigstens für den Stadtnamen Verwechslung mit *š* ausgeschlossen erscheint, ein wichtiges Zeugnis zur Aussprache der südspanischen Romanen vorliegt. In weitaus den meisten Fällen tritt *j* bezw. *ge gi* = ž ein, das nicht mehr, wie es bei demselben lat. und germ. Lautwert geschah, in folgendes *e* und *i* zerfliesst, nach *n* und *r* beharrt. Eine beschränkte Verbreitung hat *ch*; dass es die verstärkte Aussprache des Auslauts wiedergiebt, und nicht *x* = *š* dafür eintritt lässt der von

1) Die Schreibung Truxillo ist die ältere, die arabische mir nicht bekannt.

Dombay für Marokko constatirten, anderwärts ohne örtliche Bestimmung als häufig bezeichneten Aussprache *ž* gegenüber die gemeinarabische *dsch* als die in Spanien herrschende erkennen. So wird auch in den Transscriptionen der Aljamia sp. *ch* durch *ǵǵ* wiedergegeben. Der Eintritt von *z* für *ǵ* im Arabischen scheint, eben nach dem was Dozy Gloss. 17 dafür anführt, ein äusserst beschränkter; das egyptische *ǵarazûn* f. *zaraǵûn* ist eine Metathese, marrokkanisch *zonǵolân* f. *ǵolǵolân* ist eine Differenzirung die auf andere Stellung keine Anwendung finden kann. So ist wohl auch *zedwâr*, sp. *cedoaria* als die ältere Form zu bezeichnen, *ǵedwâr* als die jüngere, mit *z* zu *ǵ*.

Eine Ausnahme von der Regel überwiegender Darstellung durch j bildet allein der Auslaut. Ausschliessend *j* bieten hier nur:

*Adejije*, ein astronomischer Arabismus, = *addeǵâǵ*.

**Alforja* pg. *alforge alḫorǵ*.

**Auge* sp. pg. *auǵ*, astronomisches, den Gebildeten in eigentl. und übertragener Verwendung geläufiges Wort.

*Borge borǵ*, nur im Repartim. de Sevilla.

*Almarax* bei Victor wäre, wenn *almaʿraǵ*, nur ein orthographischer Fehler für *almaraj*. Dozy hat sich indessen nicht verhehlt wie weit die Begriffe Leiter oder Treppe und Brücke auseinander liegen.

Es zeigt sich *j* und *ch* in:

*Alhache* granad. Urkunde, neben *alfaje alhaye*, *alḥâǵǵ*.

*Almarcha*, **almarjal* sp., *almargem* pg. etc. *almarǵ*.

*Azache*, **aceche* (mehrfach Alf. XI Lib. Mont.), auch *acige* = *azzâǵ*.

**Azabache*, kaum *azavage*, pg. *azeviche assabaǵ* od. *azzabaǵ*. Eguilaz sucht mit Unrecht für die portug. Form S. 27 ein anderes Etymon zu finden, und vergisst mit Recht S. 315 was er dort gesagt hatte.

**Acebuche* sp., *azumbujo* pg. *azzaʿbaǵ*.

Nur *ch* ist überliefert in:

**Almatriche* aragon., *matriche* granad. = *almaṭrîǵ*, dies nach Simonet von matrix (?). Die Form *almatrique* muss unrichtig sein.

**Cennacho ṣennâǵ*.

*Elche* sp. pg. *ʿilǵ*.

**Escabeche* sp. pg. *sikbâǵ*.

**Moharrache moharraǵ*.

**Zafareche*, *zafariche*, daraus pg. *chafariz*, leones. alt. *xafarices*. *ṣahrîǵ*. Cfr. jedoch S. 16.

Es ist leicht ersichtlich, trotz der geringen Zahl der Fälle, dass nach Consonant *ch* oder *j* eintritt (das *u* in *auge* zählt als solcher), während nach Vocal *ch* bevorzugt wird. Die Sprache mag ursprünglich geschwankt haben, im Ganzen aber bestand von Anfang eine Tendenz zur Schärfung des fremden Auslauts; dass das franz. Suffix -*age* keine Anziehungskraft ausgeübt hat erklärt sich aus dessen spätem Eintreten und seiner ausgeprägten Bedeutung. Die regelmässige Vocalzufügung steht im Gegensatz zu der Behandlung des -*š*, das auslautsfähig ist, sowie zu *reloj*, das, erst spät aus dem Franz. übernommen, sich an die -*š* anschloss. In dem einzigen Fall in welchem sie unterbleibt, *ajedrez-aššiṭrenǵ*, wird *ǵ* zu *z*: daneben jedoch auch sp. *axidriche* pg. *axedreche*, mit auffälliger Tilgung des *n*. Unter dem Einfluss dieser Endungen steht vielleicht auch noch **atocha* sp., pg. nur umged. *atochar* etc., *aṭṭauǵa* s. Dozy Suppl. II, 66. Irrig ist von Dozy *mirar de gancho*, als von *gonǵ*, hierher gezogen; es kommt zwar nicht von uncus, wie Eguilaz meint, auch nicht, nach der an sich viel bessern Bemerkung Defrémerys Rev. crit. 1868, 411, von frz. ganchir, genauer von afrz. gueuche — sondern ganz einfach von dem Substant. *gancho*. Auch **babucha* soll nicht genannt werden, da es zunächst weder *bâbûš* noch *bâbûǵ*, sondern frz. *babouche* ist, in dieser Sprache selbst sehr jung. Dagegen glaube ich **leveche*, italien. *libeccio* etc. aus arab. *lebeǵ* erklären zu sollen. Ob dessen Schreibung *lbš* bei Bothor griech. λίψ entspricht (Suppl. II, 510) will ich nicht entscheiden; für die romanischen Sprachen ist direkte Ableitung aus dem griech. Wort unmöglich.

Inlautend steht **machumacete* neben *maginacete* = *maʿǵunassitte*; s. Suppl. II, 99. — *Racha* einmal in einer Urk., nach Eg. = *raǵa*. Abzulehnen ist dagegen **matachin* von dem construirten *motowaǵǵihîn*: *mattaccino* ist eine Figur des italienischen Balletts, von *matto*, *mattaccio* abgeleitet. Nach Cons. pg. *manchil* = *minǵal*; sp. *barhilla*, cat. *barcella* von *barǵêlla* aus parcella, dem indessen auch ein nordafr. *baršêla* zur Seite steht.

Im Anlaut lässt sich die Erscheinung mit Bestimmtheit im Portugiesischen constatieren:

*Chávena* pg. von *ǵafna*.

*Charel*, *chairel*, *xarel*, *xairel* pg, *girel* castil. *ǵilêl*.

*Châmeas* Wangen am Mast, neben *algemas* Handschellen *ǵâmiʿa*, ersteres als Seemanswort örtlich beschränkt.

In Spanien dialektisch:

*Chibo* provinziell (wo?) Grube für die Oliventreber, *alchub* in Hoch-Aragon Cisterne, gegenüber **algibe aljube* sp. pg. Cisterne, Gefängnis.

In Spanien und Portugal steht neben *zanco*, *sanco*, für welches Diez mit Unrecht die Erklärung Muratoris ablehnte, auch *chanca*, span.

*chancla*, das einem arab. *ǵanka* entspricht. Dieses betrachten Dozy Supplem. I, 225 und Simonet als Hispanismus, und es ist sicher dem griechisch-romanischen Τζαγγαι-Tzangae entnommen. Ob in *chanca* Rückübertragung vorliegt lässt sich bei der Verborgenheit der letzten Quelle des Worts nicht sicher feststellen. — **Chorro* sp. pg., *jorro*, auch *xorro* pg. (cfr. Gröber, Grundr. I, 767) ist von *ǵara* fliessen durch eine unausgeglichene begriffliche Differenz getrennt. — **Cholla* sp., *chola* pg. ist auf keinen Fall *ǵalǵa*; gegen Herkunft von gleichbed. zigeunerisch *chola* darf nicht angeführt werden dass das Wort auch in Gallizien vorkomme wo es keine Zigeuner gebe: der Einwand wäre nur bei einem gallizischen Provinzialismus berechtigt. — **Chuchería* Tand, nach Eg. von *ǵuǵ*, gleichbedeut. bei Kazimirski, würde ich nicht von *chuchería* — *chuchear*, *chuchumeco* trennen. — **Chalupa* ist zunächst frz. *chaloupe*, das in einer Zeit auftritt die der arab. Entlehnung (*ǵelba*) durchaus ungünstig ist. — **chupa* cast. f. *aljuba* = *alǵubba* ist eine nicht sehr alte Widergabe von italien. *giuppa*. — **chalan* ist franz. *chaland*, nicht *ǵallâb*, und mit Scheler von der Schiffsart zu trennen (diese den Romanen durch die Byzantiner gebracht, aber gewiss nicht χέλυδρος, eher mit Defrémery zu arab. *šalandî*). — *choca* pg. von ital. *ciocco* zu trennen sehe ich nicht den mindesten Grund. — *Chita* pg. ist ein bengalisches Wort, unser Zitz, dessen Erklärung als pers. *ǵît* bei Sousa hier nebensächlich.

Da Cervantes *j* nicht mehr als *ž* aussprach, blieb ihm als Repräsentant des arab. Lauts überhaupt nur *ch*. Er schreibt also, ebenso wie spätere, *chauz* = türk. *ǵauš*, *chilibí* = türk. *ǵelebî*. *Gileco* (so Cervantes), **jaleco* neben üblicherem **chaleco* = *ǵailaka*, türk. *yalek*, frz. *gilet* deutet vielleicht auf Verbreitung des Kleidungsstücks schon im 16. Jh. In diesem wird die ebenfalls junge *ǵallâbîa* mit *chilivia*, *chilaba*, *giribia*, *geribia* wiedergegeben, in Gibraltar angeblich als *chirivia* noch gebräuchlich. Erst durch frz. Vermittlung dem Türk. entnommen ist modern gelehrt **chacal* *ǵâḳâl* für die älteren *adive*, *lobo cerval*, *anxahar*. Auch *churriana* bei Malaga = *ǵurliana* wurde den Christen erst zu einer Zeit geläufig in der die letzte Verschiebung des *j* schon begonnen hatte.

*G* findet sich in:

*Galanga* span. pg. catal., *garengal*, *galanga* sp. = *halanǵân*, alt überliefert, auch ziemlich früh aus Spanien ins Franz. übergegangen[1]).

1) Es liegt nahe hier daran zu erinnern dass ursprüngliches nž cast. nz ergiebt; es wäre an sich denkbar dass man die fehlende Verbindung in frühzeitig aufgenommenen Worten umgestaltet, später auszusprechen gelernt hätte. Der Ersatz durch ch lag wohl näher als der durch g (cfr. pg. manchil); es ist aber

**Amalgama*, nach Diez *μάλαγμα*, Devic von *ʿamal alǵamáʿa* oder von *almoǵâmʿa*, während Eguilaz *almaǵmʿa* bevorzugt. Anspruch auf Beachtung haben nur die von Devic gegebenen, besonders die erste. Es fragt sich indessen sehr ob das Wort von Spanien ausgegangen ist.

**Nesga* = *nesǵ*, zu *nasaǵ*. P. de Alcalá hat entretexedura *nézg* und *nech*.

**Mezquita mesǵid*, mit *zg* zu *zc*, ist unter allen Fällen der unzweideutigste, in den Chroniken, bei Juan Manuel, in der Gran. Conqu. de Ultram. stets unter derselben Form.

**Mogangas* pg. betrachtet Dozy als *gonǵ* mit unrichtig praefigirtem *mo-* gebildet (cfr. auch *moganniǵ* Suppl. II, 228). Jenes meint jede Gebärde, dieses nur die verliebte, Bedeutungen die sich nahe genug stehen. Freilich bleibt dabei unerklärt warum das pg. Wort auch eine Kürbisart bezeichnet, und ist vor Allem die auffällige Beziehung zu span. pg. **mogiganga*, sp. alt auch *bogiganga*, catal. *moxiganga* übersehen. Es stehen sich nämlich ganz in gleicher Weise die gleichbed. span. **mogato* und **mogigato* gegenüber. *Mogiganga* betrachtet Eguilaz als *mogšî* disfrazado y *waǵah* facies, lautlich dreifach unmöglich. *Mogato* und *mogigato* werden, ohne Rücksicht auf die Seltsamkeit der Epeuthese *-gi-*, zusammen mit *mogate* Firnis auf *mogaṭṭî* zurückgeführt (Partic. von *gaṭṭa* bedecken); nur bemerkt Dozy dass er bei den Arabern Ableitungen von *gaṭṭa* mit entsprechender Bedeutung nicht gefunden hat. Es ist jedoch klar dass von beiden Worten, wenn sie identisch sind, nur die längere Form die ursprüngliche sein kann. Diese aber ist ein Compositum und entspricht catal. *gata moyxa*, cfr. sp. *hacer la gata* etc. Ebenso entspricht *mogiganga* die *gangarilla* (= *ganguera* + *-illa*) für welches neben span. *ganga* auch pg. *gangão* in Betracht kommt. Was hier *mogí* — ist lasse ich dahin gestellt: die *cazuela moxí*, zu welcher auch span. *moge* gehört, ist höchst wahrscheinlich *moḥšî*, allenfalls *mogí*, *mogíl*, *mogicon*, *moxama*, *moxinete* Faustschlag, gewiss nicht pg. alt *mogí* Trauerkleid, das auch zu *mogšî* „disfrazado" nicht stimmt.

---

nicht zu erweisen dass das Span. diesen Laut schon in den ältesten arabischen Zeiten besass. Besser wird man indes bei dem vorliegenden Wort von seiner Eigenschaft als Handelsartikel ausgehen; die Drogue (seit dem 13. Jh. erwähnt), aus China eingeführt, kam wahrscheinlich über Aegypten. Zu bemerken ist dass die doppelt belegte Lesung grangas für granjas Cortes 1315, 13 mit der vorwiegenden Form dem Provenzalischen entstammt.

**Algarada* hält Eguil. für *ǵarrâda*. Es ist aber eine Weiterbildung von *algara ǵâra*, ebenso wie *algarero* und *algarear*.

*Argan* „género de plantas, árboles y arbustos, que se crian en Marruecos“ von *arǵân* o. *ʿarǵân*, oleastri spinosi genus in Mauritania frequens, bei Freytag. Man wird das Wort vergeblich in den spanischen Wörterbüchern suchen, und es dürfte sich hier auch kaum irgenwo anders als in Eguilaz Glosario finden. Dieser hat, was er anzugeben vergisst, Form, Definition und Etymologie aus Devic geborgt. Die Bezeichnung scheint übrigens selbst der französischen Botanik nicht geläufig zu sein, fast nur bei Reisenden vorzukommen.

*Galgana* und *galbana*, kleine Kichererbse, muss allerdings mit arab. *ǵalbana* zusammenhängen, und wird wohl daher kommen, trotzdem dieses selbst spät und isolirt steht. Ueber die beiden span. Formen machen die Lexica ziemlich widersprechende Angaben.

*Garrufo* in Granada, Steinchen die beim Sandsieben zurückbleiben, nach Eguilaz *ǵoruf*, Plur. von *ǵorf*, Stein. Wenig wahrscheinlich.

**Almogama* sp. pg. Verbindungsstelle der Planken am Vorder- und Hinterteil des Schiffs, nach Dozy *almaǵâmî* Pl. zu *maǵma* Ort der Verbindung, nach Eguilaz *almaǵmáʿa* Verbindung. Mit der letztern Erklärung stimmt der Accent nicht überein, beide sind semasiologische Conjecturen. Mit dem *almagama* bei Dozy S. 17 ist dasselbe Wort gemeint.

*Alfagara*, *alfagiara* etc. In den span. Urkunden findet sich hier und da *g* als unvollkommene Schreibung für *j*; hier würde indessen bei drei verschiedenen Zeugnissen gegen zwei Stellen mit *j* o. *gi* von einer solchen Erklärung abzusehen sein. Es ist sehr möglich dass sich noch ein anderes Wort als *alʿaǵâra* eingemischt hat; s. o. u. ʿAin.

*Tagara* mlt., nach Dozy *ṭaǵahâra*, wird von Eguilaz richtig auf *ṭâḳra*, pg. *tagra* zurückgeführt.

**Ganguil* sp. catal., Art grosser Fischerbarke, *ḳanǵa*. Aber warum das Suffix? Das Wort scheint ein eigentlich catalanisches.

**Bango* sp. pg. ist erst durch das frz. *bangue* aufgebracht, entspricht nicht eigentlich dem arab. *benǵ* sondern der indischen Aussprache des Worts: s. Devic. Ich bezweifle dass *bange* bei Nunez richtig ist.

*Ataguía* nach Castro bei Eg. = atargea ist ein evidenter Lesefehler für die popul. Form *atagía*: da r vor j, aber nicht vor g fällt. Die Herleitung von *aṭṭarja* ist übrigens bei den Schreibungen mit *x* nicht gesichert.

*Garral* J. R. 1149 ist ein Fehler, und nicht = *jarra*; 2 Hss. bieten *greal*, bzw. *grial*. Und so ist auch für das *georaal* bei Sta. Rosa zu lesen. Für *gorra* bei Capmany, nach Eg. gleichfalls *ǵarra*, l. *gerra*.

*Atigara* im Fuero de Madrid f. *atijara* Canç. Baen., *atijarero* Alf. X Opusc. leg. = *attiǵâra* ist unvollkommene Schreibung.

*Almigar*, Bach, = *almaǵarr* nach Eg., steht nur Conqu. Ultram. II, 33 „*un poco de almigar que se hacia en aquel lugar*" entspricht bei Guil. von Tyrus „palus muris contermina", und es ist nicht sicher ob die Deutung, welche Gayangos dem Wort giebt, die richtige ist.

*Algabarra* nach Eguilaz in Granada als Benennung eines Theils des des Klavierhämmerchens, von *ǵabâra* Schiene. Es müsste gezeigt sein auf welchem Weg das arab. Wort zu dieser modern technischen Bedeutung kommen konnte.

*Argalí*, carnero, de *alǵadi* que significa lo mismo nach Eguilaz, ist kein Hammel, sondern das sibirische (persische) Argalischaf.

**Holgar* nach demselben von *forǵa*, ohne Rücksicht auf die sichere Herkunft von follicare.

*Algarfe* figurirt ebenda als Nebenform von *algerife* etc. *alǵarrâfa*. Die Bitte um einen Beleg dürfte nicht all zu unbescheiden sein; die Annahme, dass *ar* für *eri* verlesen sei, drängt sich auf.

**Narguilé* ist die genaue Wiedergabe der persischen Form *nârgîl*, nicht der arabischen *nârǵîl*, den Spaniern übrigens erst durch Frankreich bekannt geworden.

Andal. **guindilla* als Spottname des Polizisten kommt ohne Zweifel von guinda, nicht von *ǵundî*.

*Guifa* für **gifa* = *ǵîfa* dürfte ein vereinzelter Lesefehler sein.

Bei *mezquita* neben *nesga* ist der Uebergang von *ǵ* durch *g* zu *c* sehr wol zu erklären, auch wenn man die auf der folgenden Seite ausgesprochene Vermutung verwirft. Die Verbindung konnte nicht unverändert bleiben; *zg* war der nächstliegende Ersatz. Dieses existirt nur in den Formen von *juzgo*, nicht in einer *mezquita* analogen Stellung, auch *sg* nur in der Endung; auch hier wären *sg* und *zg* vielleicht sc und zc geworden ohne die Gröber Grundriss I, 711 berührte Einwirkung. Es würde falsch sein daraufhin auch in anderer Stellung *c* aus *ǵ* zuzulassen, wie pg. *buraco* von arab. *borǵa* schon durch die anderen Formen des Wortes, *furacar* etc. ausgeschlossen wird, *cofaina* für *aljofaina* allem Anschein nach ein einmaliger Schreibfehler für *iofaina* ist. Pg. *faca* Messer von *farǵa* zu ziehen ist ganz unerlaubt; ich halte es für identisch mit *faca*, Klepper. Eher könnte auslautend die Verstärkung eintreten. Sie liegt vor in *dorónica* sp., *dorónico* pg. = *darûneǵ*, indessen nicht als spanischer Vorgang, sondern aus dem botanischen Latein übernommen. Bei **espinaca* zeigt das portug. *espinafre* dass das Vulgärarab. Spaniens den Auslaut des persischen *aspanâh* gewahrt hatte, der auch dem franz. *épinard* näher steht als *ǵ* in *isfinâǵ*; kaum das *p*, das nach *s* wieder hergestellt sein dürfte wie in *orespe*, aurificem. Die ital. und span. Form ist an spina angelehnt, wie die Nebenbedeutung Fussangel bei catal. *espinach* erkennen lässt, ebenso die franz. *Almandaraque*, *almandarache*, *almandarahe*, die zweite Form mir nur durch Eguilaz bekannt und wahrscheinlich mit der ersten identisch, werden von den älteren spanischen Wörterbüchern als Benenungen eines künstlichen Hafens aufgeführt, bei Engelmann-Dozy mit dem ganz unzulässigen *mostarâḥ*[1]) identificirt, bei Eguilaz viel besser mit *almadraǵa* (vgl. franz. *madrague*?). Das ganze Auftreten des Worts lässt mich indessen kaum zweifeln dass es dem italien. *mandracchio* entlehnt ist und in Spanien niemals recht zu Hause war.

Es ist nicht wahrscheinlich dass sich im Arab. selbst die Umgestaltung des Gain in jeder Stellung gleichzeitig vollzog: gerade ein voraufgehendes *s* kann als ein besonders starkes Hemmnis gelten. Es scheint mir dass hierauf die allgemeine Wiedergabe von *mesǵid* mit *sk*, sp. *mezquita*, pg. *mesquita*, franz. *mosquee*, ital. *mesquita* und *moschea*, deutsch Moschee früher Moskee zurückzuführen ist, ebenso span. *nesga*. Ob ein ähnlicher Einfluss bei *nǵ*, *lǵ*, *rǵ* anzunehmen sei ist viel weniger sicher: *galanga* und *amalgama* stehen hier *aljonge*, *naranja*, *alfange*, *gengibre*, *benjuí*, *marjal* u. a. gegenüber. Im Anlaut und zwischen Vocalen liegt, abgesehen von den erwähnten *Tajo*, *Tajuna*, kein unzweideutiger Fall vor. Vor Cons. steht *g* in der Transscription *alhogra* = *ḥoǵra* Alf. X, L. Ast. II, 261. Die unhaltbare Gruppe findet eine ganz andere Wiedergabe in Madrid, Magerit der ältesten Chroniken, *Maǵarîd*: ein Erweis für die oben angenommene dental eingesetzte Aussprache.

Z aus *ǵim* ist fast noch fragwürdiger.

*Ajedrez*, *sp. xadrez* und *axedreche* pg. etc. = *aššaṭranǵ*, *citrange* bei P. de Alcalá. Der Ausfall des n findet nur in pg. beijoim f. benjoim ein Gegenstück, ist aber sonst vor j wie vor z durchaus ungewöhnlich. So nahe Vocalzufügung lag ist der consonantische Auslaut festgehalten worden. *-nch* oder *-nj* waren unmöglich, *-nz* differenzirt zugleich gegen das anlautende *x*, findet sich in alt *estonz*. Später wurde die in dieser Stellung seltene Gruppe weiter erleichtert, wie in *alcaç* für *alcanç* des P. C.

1) *str* konnte durch *zr dr* ergeben, aber der Vocal ist erhalten.

*Zurumí* andal. Traubenart, nach Eguilaz, von *ǵurûmî*, einer Benennung des Kernobstes.

*Arcelio* sp., *arzel* pg. frz., ital. *arzello* und *arzelio* neben **argel* sp. pg. = *arǵel*. Die z-Form ist allem Anschein nach von Italien ausgegangen.

**Gamarza*, **magarza* findet sich arab. als *magârǵa* Suppl. II, 603, das Dozy indessen als span. Lehnwort betrachtet.

*Alfirez*, einmal von einer Krankheit, identificirt Eguilaz mit *alfeliche alfêliǵ*, ohne anderen Grund als die äussere Aehnlichkeit.

*Mizo*, von einem Teil der Wörterbücher als veraltet oder ungebräuchlich bezeichnet, von der Acad. der Gaunerspr. zugeschrieben, allem Anschein nach mit Recht, leitet Eguil. von *ma'ûaǵ* bei Bocthor. Die Bedeutung stimmt ziemlich gut, aber der Rest ganz und gar nicht. Es wird sich schwer feststellen lassen warum die Spitzbuben dem Einhändigen den Kosenamen der Katze (*mizo* = *micho* u. *miz*) beigelegt haben; *mozo* — *mocho* wage ich nicht darin zu erkennen.

*Uzera* bei Berceo St. Domingo 709 hält Eg. für *wiǵâr* antrum; es ist indessen nicht die Höhle, sondern die Thüröffnung gemeint, von ostium.

**Cerro* durch *garra* von *cirrus* zu leiten, statt umgekehrt, ist eine seltsame Liebhaberei, die durch die Kenntnis der bask. Form *quirrua* noch wunderlicher erscheint. *Zarelum* i. e. Urk. bei Sta. Rosa, nach Eguil. ebenfalls *ǵarra*, ist von Dozy richtig zu *zaraguelles çeroules sirwêla* gestellt.

*Zatalí* ist von Defrémery Rev. crit. 1868, 411 überzeugend auf das bekannte Satalia (Satali, auch Adalia, Antalia) in Kleinasien zurückgeführt. Die Conjecturen *ǵedâl* und *ǵeṭâr* sind ganz überflüssig.

*Alizaba* bezeichnet Eguilaz als portug. und leitet es von *alǵubba*. Er versäumt den Ursprung des Artikels *ali-* nachzuweisen, und sagt nicht wo er das den Wörterbüchern fremde Wort her hat.

**Zafio*, nach Dozy von *ǵâfî*, neben welches aber Eg. das nach Form und Bedeutung passende *ṣafî* oder *safî* stellt.

**Zalona* andal., nach Dozy von *ǵarra*, dessen *rr* aber nicht *l* werden kann, bei Eguilaz zutreffend von *zanâna* aus P. de Alcalá.

Der einzige sichere Fall unter den angeführten bleibt *ajedrez*. Der Wandel ist dem Castilischen vollständig fremd, abgesehen von der vorarabischen Verschiebung von nz, rz, dient auch nicht zur Differenzirung. Im Portug. tritt diese ein bei *cirgelim* neben *gergelim* = sp. *aljonjolí* falls das nicht schon arab. ist; Cornu führt Gröber, Grundriss I, 747 *zimbro* f. *gimbro* juniperus, span. *enebro* und assimilirtes *zazinta* f. *jacintho* an. Aus einem der portugiesischen Dialecte würden sich demnach rechtfertigen lassen.

*Zarra* für *jarra*, einmal belegt bei St. Rosa.

*Zorro* in *de zorro, á zorro*, nach Dozy identisch mit gleichbed. span. veraltet *á jorro*, und von arab. *ǵarra*. Es ist indessen möglich dass das span. Wort mit pg. *jorrão* zu pg. *rojo* gehört, von *á zorros* und *zorreiro* ganz getrennt werden muss. Ich gestehe dass mir auch die angegebene Erklärung von *zimbro, azimbro* Bedenken macht.

X tritt in älteten Urkunden mehrfach für *ch* oder j auf, als orthographisches Auskunftsmittel; die Schreibung *xafarices* ist oben erwähnt. Ein Beispiel der Verwischung des lautlichen Unterschieds zwischen *x* und *ch* in den letzten Jahrhunderten bietet *chairel* neben *xairel*, des Zusammenfalls von *x* und *j* in Spanien *Xarraguí* f. *Jaraguí* bei Covarrubias. Man wird solchen Varianten öfter begegnen. (Eine gelehrt festgehaltene alte Schreibung zeigt **tereniabin* = *terenǵabîn* statt *tereniabin*.) Immerhin ist es ein auffälliges Zusammentreffen seltener Umstände wenn arab. *alʿiǵal* pg. *reixelo* galic. *ragelo* und im Fuero de Villavicencio *rexelo* entspricht. Die eigentümliche Behandlung des Artikels, wie sie allenfalls in einer Nebenform von beschränkter Verbreitung annehmbar wäre, ist im höchsten Grad bedenklich. Etwa auf *râša* faon bei Bocthor, *rašâ* pullus dorcadis bei Freytag hinzuweisen hält mich die Abneigung gegen Suffixconstructionen ab. Noch befremdlicher ist *anxahar* f. *alǵahîra* in Calila e Dimna S. 66 u. 67; ich möchte hier irgend ein Versehen des Uebersetzers vermuten, da diese Benennung des Schakals, sonst *adive* od. *lobo cerval*, nur in den beiden Capiteln des einen Buches vorkommt. Ueber *jaraiz* — *xahariz* s. o. S. 16; *ǵarza* und *ǵârûš* sind schon durch das stammhafte *h* ausgeschlossen.

Gleichwertig mit *aljama alǵamâʿa* steht *alfama* altsp. bei Berceo, Duelo 166, u. Berganza, pg. bei Sta. Rosa, nach H. Michaelis Name einer schmutzigen Vorstadt in Lissabon, in der jüngeren Form *alhama* als veraltet in den meisten span. Wörterbüchern. Die Form ist viel zu gut belegt als dass sie hinwegcorrigirt werden dürfte, das Wort ein volkstümliches, bei dem nicht an einen arabischen Lesefehler gedacht werden kann. *F* aus *ǵ* ist aber durchaus unmöglich. Es muss ein anderes arabisches Wort zu Grunde liegen, dessen Unfindbarkeit freilich zu verwundern ist.

In der Verbindung mit *n* oder *l* liegt Assimilation nahe. Sie ist indessen im Spanischen überhaupt nicht eingetreten, im Port. scheinbar in *azinhavre, azenhavre* = *zinǵafr*, (über die Verschiebung der Bedeutung v. Devic, Alchimie 49; die Form *azinhame* bei Bento Pereira ist Druckfehler, *m* für *ur*) und in gleichbed. *zenhar* = *zinǵâr*. *Az-zinǵafr* selbst ist indessen nur die Wiedergabe von cinnabaris, das nach der Mouillirung des nn, also erst im Lauf der spanischen Okkupation, entlehnt worden ist. Durch Rückbeeinflussung wird dann dem portug. Wort der arab. Artikel vorgesetzt, während es gleichzeitig die Form von *zinǵar* bestimmt.

Auch zu *y* hat *ǵ* werden und selbst ganz verschwinden sollen. *Atarraya*, das Dozy zu *atarrafa* stellte, kommt nach Eguilaz mit einer anderen Form *attaralla* von *aṭṭarrâǵa*, dies vielleicht aus *tragula*. Das letztere, welches pg. *tralha* ist, liegt auch den span. Worten zu Grund, die nur äusserlich arabisirt sind. Span. *hura*, Furunkel am Kopf, kann nach der Betonung so wenig *ḥurâǵ* als *ḥurûš* sein, muss aus fur gezogen sein wie furunculus. Span. *guayas*, nach Eg. *waǵa*, ist einfacher Plural zu *ay*! Das alte sp. cat. Landmass *almarral* kann nicht dasselbe Wort mit *almarjal* sein, falls nicht etwa *i* für *r* gelesen wurde; das einzige anklingende arabische *marʿan* Gemeindeweide steht in der Bedeutung zu weit ab.